Für Bruno, Justus, Monika, Iris
und
(with lots of love) Anthony

Penny McLean

Einsamkeit
ist eine
Sehnsucht

Verlag PETER ERD · München

Umschlaggestaltung: Barbara Klauer/Mathias Dietze
Lektorat: Hans Freundl
Copyright © Verlag PETER ERD, München 1989
Alle Rechte, auch die des auszugsweisen Nachdrucks,
der Übersetzung und jeglicher Wiedergabe, vorbehalten.
Printed in Austria
ISBN 3-8138-0164-0

Inhalt

Erster Teil

It takes two – oder?

Ganz allein kannst du einen Traum träumen,
Doch zu zweit wird er Wirklichkeit.
Ganz allein kannst du über Liebe reden,
Doch zu zweit kommt erst die Seligkeit.
Ganz allein kannst du im Dunkeln stehen
Und voll Hoffnung Sternschnuppen fallen sehen.
Doch nur zu zweit werden Wünsche wahr,
Nur zu zweit wird der Himmel klar.
Nur zu zweit,
Du und ich.

Schön, nicht? Welcher Dichter könnte das wohl geschrieben haben? In diesem Jahrhundert, oder im letzten? Es tut mir leid, Sie enttäuschen zu müssen, aber dies ist ein kitschiger Schlagertext der sechziger Jahre, den ich mir erlaubt habe, ein bißchen auffrisiert zu übersetzen. Das Original stammt aus dem Englischen, oder besser aus dem Amerikanischen, und heißt dort »It takes two«, was soviel heißt wie »Man braucht zwei«.

Nun werden Sie sich zu Recht fragen, ob ich von allen meinen guten Geistern verlassen bin, ein Buch über eine so ernste Sache wie die menschliche Einsamkeit mit einem Kitschtext aus dem wilden Westen zu beginnen. Da die Frage berechtigt ist, werde ich sie so ernsthaft beantworten, wie die Dramatik des Themas es sichtlich erfordert.

Dieser Schlagertext war einstens, verbunden mit einer schwungvoll-melodiösen Komposition, ein Hit, das heißt, dieses Lied hat Millionen Menschen derart angesprochen, daß diese sich veranlaßt sahen, weltweit die Schallplattenläden zu stürmen, um sich in Besitz der heißen Scheibe zu bringen.

Und das ist kein Wunder. Denn in diesem Text ist alles enthalten, was der Mensch als tiefe Ahnung in sich trägt, aber auch was er von Kindheit an vorgelebt und suggeriert bekommt, von Eltern, Lehrern, Medien wie Film, Fernsehen und Funk und natürlich auch von Illustrierten, Comic-Heften und Hunderten von Büchern. Wohin man hört oder blickt: Das Glück ist immer da, wo zwei Menschen sich finden. Und sie lebten glücklich und zufrieden bis an ihr Lebensende ... das kennen Sie doch auch, und sicher nicht erst seit gestern. Nennen Sie mir *ein* Märchen, in dem es *nicht* um zwei Menschen geht, die sich lieben, Geschwister inbegriffen.

Ich will nun nicht mit Ihnen über die Frage streiten, wieweit man den Wolf in *Rotkäppchen* wirklich als Wolf ansehen darf, oder wie gut der Oberförster die Großmutter wirklich kannte (woher wußte er denn sonst, daß sie nicht schnarcht??), sondern ich möchte nur auf die Tatsache hinweisen, daß Sie, müßten Sie auf der Stelle jetzt ein Märchen erzählen, sich sicher nicht an Zwerg Nase erinnern würden, sondern eher an Dornröschen, Schneewittchen oder Aschenputtel.

Da werden doch die Träume pfundweise Wirklichkeit (siehe Zeile eins des Schlagertextes) und die Seligkeit bricht über die Hauptpersonen herein wie ein warmer Sommerregen (siehe Zeile vier). Ich hätte genausogut einen Dialog aus *Vom Winde verweht* oder *Sissi*, Teil eins, zwei oder drei, wählen können, Ihr Gefühlsseismograph hätte, ob Sie es sich eingestehen wollen oder nicht, mit einem beseligten Beben reagiert.

Ein Liebespaar darf sogar verbrecherisch sein, es rührt dennoch die Herzen, denken Sie nur an Bonnie und Clyde, oder es darf sich auch wissentlich oder unwissentlich vom Leben zum Tode befördern, siehe Romeo und Julia, Othello und Desdemona, ganz zu schweigen von Carmen mit ihrem Don José oder Samson und Delilah.

Über allen schwebt der Hauch der Vollkommenheit, des »Vereint-Seins bis zum Tode« im Guten wie im Bösen. Und im Hinterkopf arbeitet der Gedanke: Besser gemeinsam ins Ver-

10

derben als in ehrbarer Einsamkeit in der Eigentums-Doppel-haushälfte vertrocknen.

Sogar in der *Geschichte einer Nonne* muß ein nach Knoblauch stinkender Chirurg als Gegenpol zur bildschönen Schwester Lukas (wer kam übrigens auf die Idee, die arme Gabrielle van der Mal mit diesem Namen zu strafen?) herhalten, und als sie, nach schweren inneren Kämpfen, endlich das Kloster verläßt, so zieht mit ihr die Hoffnung des mitgenommenen Beschauers, daß sie vielleicht doch schnurstracks in den Kongo zu ihrem Knoblauchprinzen zurückkehren möge

Es sitzt tief in uns, dieses Bild des Gegenparts, dieses Wissen, daß ein einzelner Mensch eine auf Erden wandelnde Unvollkommenheit ist. Oder ist diese Vorstellung nur eine Illusion, ein anerzogener Manierismus?

Seit nunmehr 20 Jahren berate ich Menschen. Und seit 20 Jahren geht es bei 90 Prozent der Ratsuchenden um Partnerschaftsprobleme, sprich um tatsächliche, befürchtete oder, und das gibt es auch, ersehnte Einsamkeit, die wiederum nur deswegen ersehnt wird, weil man irgendwann nicht mehr einsam sein wollte, und sich auf eine Zweisamkeit eingelassen hat, die sich zuletzt als das größere Übel herausgestellt hat.

Ich habe die Schließung von Nutz-Partnerschaften und -Ehen miterlebt, die Verzweiflung von Partnern in nach außen hin tadellos erscheinenden Verbindungen, den Haß von Menschen, die äußere Umstände zusammenketteten, aber auch das Entstehen von Zuneigung, Liebe und bedingungsloser Hingabe, die entweder wie eine wilde Brandung aufschäumte, um genauso schnell wieder zu vergehen, wie sie entstanden war, oder die langsam wuchs, wie ein unentschlossenes Pflänzchen, um sich nachher als widerstandsfähiger und haltbarer zu erweisen, als so manche der Lieben, die auf den ersten Blick geschlossen wurden und die Gnade der Reifung nicht kannten.

Ich habe an den Schicksalen dieser Menschen versucht zu lernen. In langen Jahren habe ich gelernt, immer wiederkehrende Vorzeichen zu erkennen, programmatische Abläufe zu durchschauen, Synchronizitäten zu begreifen und aufzuschlüsseln. Was anfänglich intuitives Erahnen war, paarte sich schließlich mit Erfahrung. Gleiche Vorzeichen brachten ähnliche Ergebnisse.

Heute scheint mir, daß wir alle in demselben Stück spielen, nur die Inszenierung ist unterschiedlich. So müßte ich eigentlich als der »Leader of the Gang« problemlos gelebt haben. Jedoch weit gefehlt!

Obwohl ich *weiß*, habe ich mich immer auf Verbindungen eingelassen, die entweder meine bestehenden Lebensumstände eher erschweren mußten, von vornherein auch für den unbedarftesten Betrachter zum Scheitern verurteilt waren, oder unweigerlich dahin führen mußten, wo ich herkam: in die Einsamkeit.

Seit ich mich erinnern kann, war ich eigentlich einsam. Nicht vereinsamt, aber all-ein-sam.

1

Auf der Bühne des Lebens

Als Kind war ich schwierig, als Jugendliche problematisch, als junge Frau spröde und unattraktiv, und als dann die glorreiche Karriere kam und man an jedem Finger die berühmten Zehn hätte haben können, da hatte man keine Zeit, traute sich nicht, und wenn doch, war es auch nicht der berühmte

12

Märchenprinz, weil man sich bei den »Richtigen« wie ein programmierter Roboter verhielt, der noch immer die alten Abläufe gespeichert hatte. Tief im Inneren war da jemand übrig geblieben, der noch immer schwierig, problematisch, unattraktiv und spröde war und der eine entsetzliche Angst hatte, der Angebetete könnte diesen »Jemand« bemerken und angesichts dieses Gnoms sein Heil in der Flucht suchen. Aus dieser Angst heraus entstand genau das, was vermieden werden sollte:

Die »Traummänner« schlugen sich in die Büsche oder lieber um andere Mädchen. Zurück blieben Partner, die schwächer waren, diesen Umstand auf Dauer aber nicht ertragen konnten. Es traf sie keine Schuld, denn der Programmierer dieser Unglücksstücke war ich selbst.

Einmal, so erinnere ich mich noch heute, sagte ich zu einer Freundin: »Weißt du, ich fühle mich wie jemand, der langsam aber sicher eingemauert wird.« Sie sah mich mit großen Augen an und sagte: »Das kann ich nicht verstehen. Du hast doch so viele Freunde, eine Familie, Menschen die dich lieben.« Sie machte den Denkfehler so vieler Tröstender, die glauben, wenn sich jemand einsamer fühlt, als ihm guttun kann, dann muß man ihm nur klar machen, daß um ihn herum alle darauf warten, als Aufheiterungsfaktoren zu fungieren.

Merke: Einsamkeit kommt nicht von außen. Sie kommt von innen.

Und von innen muß sie auch wieder aufgelöst werden. Das ist in vielen Fällen äußerst schwierig, da länger anhaltende, scheinbar nicht selbstgewählte Einsamkeit zumeist zu der berühmten endogenen Depression führt, die viel öfter, als man glaubt, im wirklich durchgeführten Suizid endet.

13

Ein Buch über Einsamkeit darf diese Themen nicht ausspa-
ren. Jeder, egal ob Arzt, Psychologe oder Schriftsteller muß,
wenn er sich an dieses schwere Gebiet der Dunkelseite des
Lebens wagt, eine ganz bestimmte Voraussetzung erfüllen: Er
muß diese Zustände *selbst* erlebt haben.

Ich kann mir von niemandem erzählen lassen, wie Basili-
kum riecht oder Estragon, oder von mir aus auch Schwefel-
säure. Ich muß es selbst zu riechen gelernt haben, denn nur
dann kann ich den Geruch im Bedarfsfall richtig ein- und
zuordnen.

Ich werde Ihnen in diesem Buch keine Patentrezepte ablie-
fern, weder will noch kann ich das. Aber ich werde über meine
Erfahrung sprechen, meine eigene und die mir zugetragene.
Ich werde von den Kämpfen erzählen, von den gewonnenen,
aber auch von den verlorenen. Ich werde aber auch davon
reden, was man aus den Siegen machen kann. Denn ein nicht
verwerteter Sieg bringt nicht mehr als ein verlorener Kampf.
Erst, wenn man die Arena verlassen hat, der Schauplatz des
Kräftemessens hinter einem liegt, erst dann weiß man, ob
man Sieger oder Verlierer war.

Der Schauplatz, die Bühne, heißt generell *Leben*. Und wie
auf jeder Bühne, so ist auch hier nicht unentwegt Betrieb
angesagt. Es gibt Zeiten der Ruhe, des Ausruhens, des Abwar-
tens, der Vorbereitung, der Sammlung, der Beobachtung und
des Beobachtet-Werdens, des Erduldens, denen dann die Zeiten der Aktion, des Angriffs, des Handelns, der Verwendung
des Erlernten gegenüberstehen.

Diese beiden Zeitqualitäten lösen sich in jedem Menschen-
leben ab wie Ebbe und Flut. Sie zu erkennen ist die erste
Lektion, die ein jeder, der das Fach *Leben* erlernen will,
begreifen muß. »Wenn du lernst, Wellen richtig zu untertau-
chen, wirst du nie drin ertrinken«, sagte mein Schwimmlehrer
vor langer Zeit zu mir. Wenn Sie lernen, mit ihren Bedürfnis-

14

sen, Sehnsüchten, Anlagen richtig umzugehen, dann werden Sie von ihnen nicht erdrückt werden, sage ich heute.

Also, es wäre doch erst einmal gut zu klären, wie diese Bühne aussieht, die wir uns als Ort der Handlung gewählt haben, und vielleicht auch, warum ausgerechnet diesen und keinen anderen, bequemeren. Erst wenn Sie den Grundriß des Schauplatzes kennen, die Ein- und Ausgänge, vor allem aber auch die Notausgänge, die Erste-Hilfe-Station, die Kantine, die Umkleideräume und die Toiletten, erst dann werden Sie dieses Riesengebilde nicht mehr als Bedrohung, sondern als erforschenswertes, den eigenen Bedürfnissen entsprechendes Gebäude erkennen können.

Merke: Ein neugieriger Mensch ist niemals einsam.

Als weiteres lohnt es sich auf jeden Fall, zumindest den Rohablauf des anstehenden Programms zu klären. Sonst könnte es Ihnen passieren, daß Sie sich gerade in dem Moment ein Gurkenbrötchen zwischen die Zähne schieben wollen, in dem Ihre große Nummer angesagt wird, für die Sie doch so lange geprobt haben.

Kein Wunder, daß Sie traurig werden, wenn Sie merken, daß Sie ihren Auftritt verpaßt haben. Bis Sie wieder aufgerufen sind, könnte eine lange, lange Zeit vergehen, in der Sie ziemlich niedergeschlagen auf dem Wartebänkchen sitzen und sich sehr einsam fühlen – obwohl es gar nicht hätte sein müssen.

Merke: Der Veranstalter ist nicht schuld, wenn Sie das Programm nicht kennen.

Was sich letzten Endes auf dieser Bühne abspielen wird, weiß niemand im vorhinein ganz genau. Deswegen empfiehlt es sich, die Vorbereitungen so sorgfältig wie möglich zu treffen, so daß einem bei unerwarteten Änderungen oder Wendungen nicht der Text, die Spucke oder der Atem wegbleibt.

Merke: Ein Versager mindert die Qualität der gesamten Aufführung.

Das heißt jetzt nicht, daß Sie wie der Zögling einer Militärakademie zu funktionieren haben. Es wird auf diesen Brettern, die unser Leben bedeuten, ausreichend geprobt, und die Generalprobe ist für den geübten Beobachter durchaus als solche erkennbar.

Was soviel heißt wie: Nichts in unserem Leben passiert ohne Ankündigung. Manchmal sind die Zeichen subtil und werden aus diesem Grund nicht ernst genommen oder übersehen. Diese Zeichen können auch Ahnungen sein, immer wiederkehrende Gedankenbilder, und sie nicht zu beachten hieße dasselbe, wie den Souffleurkasten zu verbarrikadieren, der während eines Stückes, bei dem der Text nicht 100prozentig beherrscht wird, der Lebensretter sein könnte.

Sie müssen sich außerdem immer wieder klar machen, daß Sie die Rolle in einem Stück übernommen haben, das schon lange existierte, bevor sie sich als Mitspieler, oder auch Mitkämpfer beworben haben.

Merke: Sie spielen immer die Rolle, die Sie selbst gewählt haben.

Obwohl die Varietät von Menschenschicksalen unerschöpflich erscheint, ist es doch so, daß es sich um Spielarten der immer gleichen Stücke handelt. Es gibt kein »Hellsehen«. Es gibt nur Kenner des Spielplans und Sachverständige für Spielabläufe.

16

Ein solcher Ablauf hat einen Anfang und ein Ende, er ist vergänglich. Wenn das Stück gelaufen ist, hat es also keinen Sinn mehr, nochmal auf die Bühne stürzen zu wollen, um nachträglich zu zeigen, daß man den Dialog in der dritten Szene des vierten Akts eigentlich noch viel besser hätte darstellen können. Niemand will ihn mehr sehen, wenn der Vorhang bereits gefallen ist.

Wenn Sie sich entschlossen haben, als Mitspieler in diesem Welttheater zu fungieren, dann müssen sie wissen, daß Sie es waren, der sich von allem Anfang an bereit erklärt hat, entweder Riesenrollen zu übernehmen, die im Moment der Präsentation eine ungeheure Konzentration und Reife abverlangen, oder lieber Gefälliges im Mittelfeld zu präsentieren, vielleicht auch unentwegt Nebenrollen darzustellen, oder nur mal schnell über die Bühne zu stolpern, um zu sagen: »Herr Graf, es ist angerichtet!«, was von ungeheurer Wichtigkeit für die von diesem Satz abhängigen Hauptdarsteller sein kann.

Es ist aber auch durchaus möglich, daß Sie sich für die Arbeit hinter den Kulissen entschlossen haben, was vom Regisseur bis zur Klofrau reicht. Auf keinen Fall war geplant, daß Sie in einer Ecke herumsitzen und einsam sind. Es sei denn, Sie sind wegen irgendeines Vorfalls beleidigt und haben sich in den Schmollwinkel zurückgezogen. Dann dürfen Sie aber nicht andere dafür blamieren, daß Sie sich mal kurz zurückgezogen haben, um Ihr seelisches Gleichgewicht wiederzufinden. Wandert man in diesem ungeheuer betriebsamen Welttheater als aufmerksamer Beobachter einher, so wird man immer wieder auf Leute mit gramvollen Gesichtern stoßen, die in irgendwelchen Ecken auf irgendwelchen Stühlchen sitzen und jedem, der es hören oder nicht hören will erzählen, daß sie eigentlich die Hauptdarsteller sind, aber noch niemand ihr Talent erkannt hat. Noch schlimmer sind die, die behaupten, nichts zu tun zu haben: »Wissen Sie, eigentlich warte ich nur auf meine Pensionierung! In diesem Haus finde ich keine angemessene Beschäftigung mehr.«

Die Liste könnte endlos fortgesetzt werden mit Leuten, die zum Beispiel meinen, unbedingt Aktivitäten an den Tag legen zu müssen, selbst dann, wenn offensichtlich ist, daß gerade Pause ist und alle ruhebedürftig sind, sowie auch mit der umgekehrten Variation. Beliebt sind auch diejenigen, die der Ansicht sind, daß ihnen etwas widerfahren ist, was das weitere Mitspielen unmöglich zu machen scheint: »Wissen Sie, ich bin Desdemona, und mein Othello ist gestern verstorben. Es war der einzige Othello, Sie verstehen...« Symptomatisch ist auch, daß sich die Komiker standhaft weigern, dramatische Rollen zu übernehmen, während die großen Tragöden unseres Welttheaters die Mitwirkung in Boulevardstücken als Beleidigung ansehen.

Merke: Ein flexibler, experimentierfreudiger Mitspieler sitzt niemals lange in der Ecke.

Denken Sie bitte nicht, ich sei herzlos. Ich bin die Letzte, die bei schweren Schicksalsschlägen nicht die Belastung nachfühlen kann, und wer mich kennt, der weiß, daß mir nichts so sauer aufstößt wie die abgebrühten Esoteriker, die als Antwort auf menschliches Leid immer nur die stereotype Erwiderung haben: »Na ja, das ist eben ihr (sein) Karma. Wir müssen alle unser Schicksal durchleiden.«

In wie vielen Beratungen habe ich erst mal kräftig mitheulen oder ganz intensiv meine Beladenen umarmen und trösten müssen, denn alles, ach ja, alles war mir nur allzu vertraut, und die Emotionen kamen als verarbeitete, jedoch ergreifende Bilder in meiner Erinnerung in solchen Momenten wieder hoch.

Sehr oft hilft es dem Ratsuchenden mehr, wenn man ihn

weinen läßt und seine Hand dabei hält und streichelt, als die
kühnsten, brillantesten Erklärungen karmischer Abläufe.
Aber alles zu seiner Zeit, und wie es angebracht ist. Trösten,
wenn trösten angebracht ist, und Treten in einen gutgepol-
sterten Körperteil, wenn eben dies hilfreich sein könnte.

Merke: Niemandem ist es bestimmt, endlos zu leiden und
einsam zu sein.

Aber der Mensch ist ein fatales Gewohnheitstier und gewöhnt
sich auch an Schmerz und Leid. Und so entstehen dann die
Masochisten, die ihr Leidensprogramm auch dann noch
immer weiterleben wollen, wenn es schon längst beendet ist.
  Irgendwie erinnert mich dieses Verhalten an die Sängerin,
die an Abenden, wo sie die an Lungentuberkulose leidende
Traviata darzustellen hatte, auch noch zwei Stunden nach der
Vorstellung hohl vor sich hinzuhüsteln pflegte.

Wenn Sie jetzt zurückblättern, werden Sie bemerken, daß wir
ein *7-Punkte-Einsamkeits-Bekämpfungsprogramm* zu bewältigen haben. Aber wenn sie nun glauben, daß ich jemand
bin, der nur über die Bekämpfung spricht, dann haben Sie
sich getäuscht. Denn vielmehr verlange ich von jedem, der
sich einsam fühlt, daß er erst einmal seinen Zustand zu
akzeptieren versucht.
  Es ist auffallend, daß bei allen meinen Bekannten (das
Wort Kunden will mir nicht so recht in die Maschine), die sich
endlich aufraffen konnten, gleichgültigen Herzens zu sagen:
»Nun bin ich eben einmal einsam, auch gut«, sehr bald die
Auflösung der Einsamkeitsphase zu beobachten war, während bei denen, die ihre Einsamkeit als unannehmbare persönliche Beleidigung empfanden, der Zustand länger anhielt,
als er ursprünglich vorgesehen zu sein schien.

Einsamkeit ist kein Feind, keine Strafe. Es ist eine Chance, ein Geschenk, eine Gelegenheit auszuruhen, zu überdenken, neu zu formieren. *Vereinsamung* ist eine Strafe. Aber selbst diese dauert nicht ewig, wenn man die Auslöser erkennt und bereit ist, die Wurzeln zu ziehen, was immer ein schmerzhafter Prozeß ist.

Der Satz, den ich in meiner Beratungsarbeit bis heute am meisten gehört habe, ist: »Also, ich verstehe überhaupt nicht, warum ausgerechnet mir das passieren mußte. Ich habe doch nichts getan.«

»Eben, eben«, sage ich dann immer in das fassungslose Gesicht.

Trotzdem muß erklärt werden, wie ein Schicksalsplan zustande kommt und worin sich denn eigentlich Ihr freier Wille ausdrückt.

Die berühmte unerbittliche Moira, das nach griechischem Glauben zugeteilte unabwendbare Verhängnis, ist ein ebensolches Schauermärchen wie die Story vom Menschen, der allezeit tun und lassen kann, wie's gerade gefällt.

Denjenigen unter Ihnen, die meine Bücher über Schutzgeister* kennen, wird einiges, was in diesem Buch besprochen wird, irgendwie bekannt vorkommen. Das erleichtert die Zusammenarbeit. Denn tatsächlich beruhen sehr viele meiner Erklärungen auf den Mitteilungen, die ich durch Kommunikation mit nicht inkarnierten Wesenheiten empfangen habe.

Die Durchsagen zum Thema Einsamkeit jedoch sind so privater Natur, daß ich sie im Original nicht herausgeben möchte. Die Quintessenz jedoch wird in diesem Buch lückenlos enthalten und verarbeitet sein. Aus diesen Quellen stammt

---

* Kontakte mit Deinem Schutzgeist, 160 S., 12,80
  Zeugnisse von Schutzgeistern, 226 S., 12,80
  beide ebenfalls im VERLAG PETER ERD

auch die Erklärung der Erstellung des individuellen Schicksalsablaufs.

Wenn Sie begriffen haben, wie dieses System funktioniert, dann wird Ihnen damit ein überaus hemmender Faktor Ihres weiteren Lebens erspart, nämlich das Hadern mit dem eigenen Schicksal. Damit werden Sie auch begreifen, warum Abläufe erkennbar sind und warum man sie sogar berechnen kann.

2
Und Gott schuf den Menschen nach seinem Bild und Gleichnis.

Dieser Satz, und davon kann man mit Sicherheit ausgehen, birgt in sich folgende Aussage: Als Gott bis zu der Absicht gelangt war, ein Wesen zu schaffen, das der Mensch sein sollte, war er sich völlig darüber im klaren, wie der Konstruktionsplan auszusehen hatte. Das heißt, er schuf das Bild des Menschen zuerst im geistigen Bereich, was einer völligen Klarstellung seiner Absicht gleichkommt, worauf sich aus der Energie dieser Absicht das Wesenhafte des Menschen bilden konnte. Die Bildung des Körpers des Menschen war also eine Antwort der Materie auf die Absicht Gottes.

Ohne diese Antwort der Materie hätte der Mensch nicht entstehen können, genausowenig, wie die Materie sich hätte alleine formieren können.

Es war also zweierlei notwendig: der Geist und der Stoff.

Diese Grundeigenschaft göttlicher Energie, nämlich durch

eine klare Absicht einen Schöpfungsvorgang auszulösen, hat sich auf seine Schöpfung Mensch in Form von Zellgedächtnis übertragen und sollte für den reifen, spirituell lebenden Menschen das eigentliche Verständnis des sogenannten, viel mißbrauchten positiven Denkens sein.

Gleichzeitig erfüllt sich damit aber auch die Ahnung der geistigen und stofflichen Dualität, die sich auf unsrem Planeten Erde in rein materieller Form in allem widerspiegelt, was diese Welt zu bieten hat. Es ist ein Ausdruck der Schöpfungsabsicht und des Schöpfungsauftrages.

Nichts, was auf dieser Erde existiert, will allein sein, noch allein wirken, sofern es der göttlichen Geistesenergie entspricht. So wird alles und jedes versuchen, in welcher Form auch immer, mit einem Gegenpol es seinem eigenen Schöpfer gleichzutun, nämlich seinem expansiven Entwicklungsplan auf geistiger wie auf materieller Basis genüge zu tun. Voraussetzung für die Erfüllung dieses Versuches ist die Klarstellung dessen, was als Ergebnis erwünscht ist, womit wir wieder bei der Absicht wären. Soviel zur Vorgeschichte der Menschwerdung.

Vielleicht werden Sie finden, daß meine Ausführung zu kurz, zu wenig tiefschürfend ist. Mag sein, doch zumindest ist sie quintessentiell. Über dieses Thema könnte man unendlich schreiben, hunderttausend Wege und Wendungen der Erklärung von Hypothese oder Apodiktion erfinden, das Ergebnis muß letztendlich dasselbe sein.

Die Befriedigung einer Absicht liegt in der Verwirklichung derselben. Kommt die Verwirklichung nicht zustande, muß in demjenigen, der die Absicht hegt, eine Frustration entstehen, die der energetischen Pression des Erzeugers der Absicht nur abträglich sein kann – es entsteht eine Depression.

Eine Absicht entsteht immer aus dem bewußten oder unbewußten Wissen um einen Auftrag, um eine Möglichkeit.

Solange dieses nicht erfüllt ist, bleibt der Wunsch, die unerfüllte Sehnsucht. Aus dieser philosophischen Gleichung heraus entstand im übrigen der Titel dieses Buches.

Bezeichnenderweise hatte ich mit diesem Titel zum ersten Mal in meiner schriftstellerischen Laufbahn nicht die geringsten Schwierigkeiten: Jeder fand ihn zuerst mal »schön«. Dann kam eine längere Pause der Überlegung, dann erst die Frage, ja, warum eigentlich Sehnsucht?

Die Antwort ist einfach: Jeder, der sich einsam fühlt, sehnt sich nach Gemeinsamkeit (nicht umsonst ist in diesem Wort der Begriff Einsamkeit enthalten), während jeder, der lange Zeit nicht einsam sein durfte, sich nach dem Gegenteil sehnt.

Mit dieser Parabel jedoch ist das Thema noch lange nicht erschöpft. Denn wie oft haben wir alle erlebt, in Gemeinsamkeit zu sein, und uns trotzdem völlig vereinsamt zu fühlen. Allein die Form der Gemeinschaft kann also Einsamkeitsgefühle nicht aufheben, denn diese muß nicht der Garant für die Verwirklichung der eigenen Absicht sein.

Das Gefühl der erfüllten Gemeinsamkeit kann demnach nur entstehen, wenn die eigenen Absichten sich mit den Absichten der Gemeinschaft decken.

Somit kann eine wirksame Bekämpfung und Aufhebung der Einsamkeit nur durch eine einzige Aktion erfolgreich sein: durch eine absolute Klarstellung der eigenen Absicht, der eigenen Berufung, des eigenen Schöpfungsauftrages. Die Verwirklichung, die Erfüllung dieses Auftrages kann nur mit einem Reifeprozeß konform gehen. Woraus sich ergibt, daß jede Einsamkeitsphase, egal in welcher schicksalsmäßigen Form sie erscheint, eine Aufforderung zur Sammlung zum Zwecke der Vervollkommnung ist.

Als notwendige Folgerung muß sich nun ergeben, daß Einsamkeitsphasen sich immer dann einstellen, wenn entweder eine Reifephase abgeschlossen und eine neue begonnen werden muß, oder eine Reifung auf anderem Wege nicht erreicht werden kann.

Der ganze Kosmos besteht aus Rhythmus, und da wir eine perfekte Spiegelung dieses Alls sind, vollzieht sich unsere Reifung auch nicht in gleichmäßiger Kontinuität, sondern in rhythmischen Schüben, die sich manchmal fast unbemerkt vollziehen, jedoch auch, und wie mir scheint, ist dies die bei weitem häufigere Form, in krasser Unterschiedlichkeit.

Diese rhythmischen Schübe kann man als Schicksalsablauf bezeichnen. Die Qualität dieses Schicksalsablaufs ergibt sich demnach aus unserer eigenen Erkenntnis und Reifefähigkeit, die unserem freien Willen unterliegt, womit bewiesen wäre, daß wir die »Macher« unseres eigenen Schicksals sind. Wer diese Wahrheit erkannt und akzeptiert hat, was durchaus nicht immer leicht fällt, kann sich jegliches Beklagen über sein Schicksal ersparen.

Viel zu oft habe ich mir Sätze wie: »Wie kann Gott nur so etwas zulassen?« oder »Das habe ich nicht verdient!« anhören müssen, aber auch nicht minder oft selbst von mir gegeben.

Und wie bitter ist es gewesen anzuerkennen, daß die Adresse für die Klageschrift immer die eigene sein muß.

3

Beten hilft

Man könnte dieses Buch eigentlich an dieser Stelle beenden mit dem Hinweis, daß das wirksamste Mittel gegen Einsamkeit nicht das Flehen um Auflösung dieses Zustandes ist, sondern das *Beten um Hilfe*. Diese Hilfe kommt immer aus dem geistigen Bereich, kann sich aber durchaus materiell manifestieren.

Das Ergreifen der hilfreichen Hand, die uns aus dem Schlamm zieht, kann aber nur glücken, wenn wir unsere Augen, das heißt, unsere Sinne offen halten. Nur zu gern verschließen wir uns in diesen Lebensabschnitten innerlich wie äußerlich, resignieren und hadern still vor uns hin. Und genau darin liegt der Fehler. Zurückgezogenheit muß nichts mit Resignation zu tun haben. Denn das erstere ist ein begriffenes Auf-Sich-Nehmen einer Situation, während das zweite nichts anderes ist, als ein Erzeugen negativer psychischer Schwingungen, die, wenn sie lange genug beibehalten werden, zum Erkranken des menschlichen Organismus führen können. Dieser Resignation, sprich psychischer Depression kann aber nur wirksam entgegentreten, wer begriffen hat, warum diese Phase eingetreten ist und daß wir selbst die Bestimmer des Zeitraumes dieser Phase sind.

Die Grundlage des Begreifens unserer ganzen menschlichen Existenz muß sein: Ich bin ein geistiges Wesen, das sich für eine bestimmte Zeit in eine materielle Seins-Form begeben hat und das aus eigenem Wunsch und aus gutem Grund.

Wir haben also einstens im nichtstofflichen Bereich erkannt, daß eine potentielle Möglichkeit der Reifung für uns auf eben diesem Planeten Erde besteht, und aus dieser weisen

Erkenntnis heraus entstand die Absicht, zu inkarnieren, das heißt, in carne, ins Fleisch, in die Materie überzuwechseln. Auf diese Absicht hat die Materie reagiert, und aus diesem Schöpfungsakt entstand das Wunder, das in diesem Moment eben diese Buchstaben liest – Sie selbst.

Nur wenige Menschen sind sich darüber im klaren, welcher umfangreichen Vorarbeiten es bedarf, um ein Geistwesen zu inkarnieren. Sicher haben Sie auch schon oft aus Ihrer Umwelt den überaus weisen Satz vernommen: »Wie es drüben aussieht, ja, das weiß niemand.«

Man muß zugeben, daß es zwar nur wenige sind, die über Zustände nach dem Tod umfassend Auskunft geben konnten, aber diese wenigen waren durchaus dazu in der Lage. Jedoch werden diese Mitteilungen nur von denjenigen verstanden, die sich um eine entsprechende Verständnis-Reife bemüht haben. Rudolf Steiner hat über das Thema »Leben zwischen dem Tod und der neuen Geburt« und »Schicksalsbildung und Leben nach dem Tode« in Vorträgen und Büchern ausführlich berichtet. Daß das Erfassen der Mitteilungen dieses sich nicht unbedingt gefällig präsentierenden Eingeweihten kaum von heute auf morgen stattfindet und mit Mühe und Arbeit verbunden ist, mag die Erklärung sein, warum Steiners Gedankengut sich bis heute noch nicht bis zur Allgemeinheit durchringen konnte.

Aber er ist ja schließlich nicht der einzige auf dieser Erde, der sein Wissen niedergeschrieben hat. Das oft als Ladenhüter sein Dasein fristende *Buch Emanuel* und Abd-ru-Shins *Gralsbotschaft* geben durchaus allgemein verständliche Einblicke in vorgeburtliche und nachtodliche Seins-Zustände.

Wagen wir doch einmal den Versuch, dieses Wissen auf einen einfachen Nenner zu bringen:

Vergleicht man sämtliche Mitteilungen miteinander, so wird man feststellen, daß es nur der Ausdruck ist, der die

26

Aussagen voneinander unterscheidet. Niemals widersprechen sich die Angaben derer, die eine bestimmte Stufe der Reife und des spirituellen Bewußtseins erreicht haben.

Wie oft habe ich Bücher dieser Art empfohlen, und wie oft habe ich erlebt, daß die Leser sich nach wenigen Tagen gemeldet haben, um mir mitzuteilen, daß sie es sehr bedauern würden, aber mit dieser Art von Literatur nicht zurechtkämen.

Entweder wurde der Inhalt als schulmeisterlich oder sogar reaktionär empfunden, oder die Sprache als unverständlich, mühselig und unnötig verschnörkelt. Ich muß zugeben, daß auf den ersten Blick diesen Beurteilungen nicht widersprochen werden kann. Wer heute Autoren wie Lorber oder Greber liest, wird das nicht ohne Stirnrunzeln tun können. Warum?

Diese Bücher wurden, wie die meisten Ihrer Art in der Mitte des letzten, Anfang dieses Jahrhunderts geschrieben und natürlich entsprechen Sprache und Ausdruck der damaligen Zeit, wobei nicht übersehen werden darf, daß diese Zeit eine völlig andere war.

Das Kräfteverhältnis zwischen Kirche, Staat, Kultur und Wissenschaft war ein völlig anderes, als wir es heute kennen, ganz zu schweigen von Ethik und Moralbegriffen. Es gab keine Computer und Roboter, keine Atomkraftwerke und genetischen Versuchslabors, keine Concorde und keine Fernsehapparate. Eine ledige Mutter war wie die »Frucht ihrer sündigen Lenden«, eine höchst fragwürdige Angelegenheit, und wenn ein Ehemann hinter die Amouren seiner ihm angetrauten Gattin kam, dann duellierte man sich mit erbitterter Konsequenz bis zum tödlichen Ende. Im Krieg stand man sich Auge in Auge gegenüber, und eine verlorene Ehre war ein Makel, der nur durch Selbstmord beseitigt werden konnte.

Ich bin überzeugt, daß sich in spätestens achtzig Jahren

unsere Nachfahren über unsere heutigen Moralbegriffe genauso mokieren werden (hoffentlich), wie wir uns über die damaligen.

Tatsache bleibt, daß der Zeitgeist immer abfärbt auf die Sprachrohre seiner Zeit, und genau das ist es, was die Lektüre damaliger Meinungsäußerungen, sofern sie nicht vom Genius der Dichtkunst beseelt sind, so mühsam macht.

Trotzdem lohnt sich die Mühe. Denn Blavatsky, Swedenborg, Driesch, Lorber und wie sie alle heißen, hatten einen hohen Wissensstand, und ist man imstande die zeitgemäßen Attitüden weg- oder umzudenken, so ergibt sich eine hohe Informationsqualität.

Nur – viel zu wenige machen sich die Mühe.

Umgekehrt nehmen es aber viele Leute unglaublich übel, wenn man das Informationsergebnis versucht in unsere heutige Umgangssprache zu übersetzen. Groteskerweise tönt von vielen Vortragspodien und Kanzeln sehr oft derselbe sprachliche Tenor auf uns hernieder wie vor 80 Jahren, und so hat sich in manchem Unterbewußtsein festgesetzt, daß das Sprechen über die unsichtbaren Dinge nach einer gar eigenartig anmutenden Diktion verlangt, was wiederum viele Zuhörer veranlaßt zu bekunden, daß sie das »salbungsvolle Gesabbel« einfach nicht ertragen können. So beißt sich die Katze in den Schwanz oder – allen Leuten recht getan ...

Ich versuch's trotzdem:

Wir entstammen dem Selbst, dem unendlichen Sein, aus dem sich die göttliche Energie mit ihrer Schöpfungsabsicht herauskristallisiert hat. Diese Gott-Energie ist von unvorstellbarer Feinstofflichkeit und energetischer Qualität. Alles, was dieser Feinstofflichkeit nicht entspricht, muß sich in angemessenem Abstand zu der erforderlichen Qualität emporentwickeln. Alle, die wir uns hier auf dieser Erde inkarniert haben, sind weit davon entfernt, mit dieser Feinstofflichkeit

28

umgehen zu können, denn Materie ist nichts anderes, als erstarrter Geist. Diese Grobstofflichkeit trennt uns auf der einen Seite von der Möglichkeit der Rückkehr in die Göttliche Energie, auf der anderen Seite ist sie aber ein exzellenter Lehrmeister für unser Selbst-Bewußtsein und unser Urteilsvermögen.

Hier erhebt sich die Frage, warum wir uns denn um des lieben Gottes willen aus der doch so heiß ersehnten Geist-Form, in der wir uns ja vor der Geburt befunden haben, in diesen materiellen Körper katapultiert haben. Nur um zu lernen? Nur um die Polarität zu begreifen? Haben wir uns deswegen auf diesen ganzen materiellen Terror wie Miete-Zahlen, Schuhe-Putzen, Kinder-Kriegen, Arbeit-Suchen, Zahnarzt-Zittern und so weiter eingelassen? Hat es denn da »drüben« keine Alternativ-Möglichkeit gegeben?

Nein! Hat es nicht. Denn Schlittschuhlaufen lernt man auch nicht im Wohnzimmer auf dem Veloursteppichboden. Man begibt sich auf kaltes, hartes Eis, friert sich die Nase blau und schnattert sich die Zähne flach, ganz zu schweigen von den unzähligen grüngrauen äußerst schmerzhaften Druck-stellen an edlen Körperteilen. Und trotzdem gibt es sogar solche, die aus dieser Qual einen Sport von absoluter Ästhetik machen, Pirouetten drehen, dreifache Ritt-(Witt-)berger springen und am Schluß für ihre Darbietung eine Medaille kassieren.

Ich nehme dieses Beispiel aus rein persönlichen Gründen. Für mich ist Eislaufen das konkurrenzlos Gräßlichste, womit man mir drohen kann. Jedoch, man höre und staune, kaum naht die Eislaufweltmeisterschaft, schon klebt Frau McLean vor der Mattscheibe und kommentiert das Kürgeschehen mit einer Fachkundigkeit, die eine Ingrid Wendl vor Neid erblassen lassen könnte. Aber – im Unterschied zu mir – *weiß* sie, wovon sie spricht, denn sie war Europameisterin, während ich mich mit zitternden Knickebeinen von einer hilfreichen Hand zur anderen gehangelt habe.

Würde man uns beide nur reden hören, kein Mensch käme drauf, daß eine von uns zweien letztendlich keine Ahnung hat.

Fazit: Man muß Dinge tun, um wirklich kompetent zu sein.

Deswegen inkarnieren wir. Natürlich bekommen wir »drüben« alles erzählt und vorgekaut, Hunderte von Ermahnungen, Warnungen und Belehrungen mit auf den Weg, aber erst im *Er-Leben* zeigt sich, wie weit wir wirklich begriffen haben. Der Geist ist willig, aber ach, das schwache Fleisch. Und genau da liegt der Lerneffekt: in der Überwindung der Materie durch den Geist.

Das schwache Fleisch ist, wenn wir unsere Entwicklungsgeschichte genau betrachten, ein ganz gewaltiger Hemmschuh. Was zu dem Schluß führen muß, daß dieses Fleisch ein ziemlich anspruchsvolles Eigenleben zu führen scheint, wenn der Geist so oft klein beigeben muß, der Unterlegene, Schwächere ist im Kampf um Durchsetzung von Ansprüchen und Bedürfnissen.

Der Mensch stammt vom Tier ab, so lernt man es in der Schule. Später ändert sich diese Aussage in die weise Erkenntnis um, daß das Tier wohl der Affe sein muß, weil er uns ja ach so ähnlich ist.

An dieser Erkenntnis ist viel Wahres dran, aber es ist eben nicht die vollständige Wahrheit. Diese wäre nämlich:

Der Körper des Menschen entstammt derselben evolutionären Basis wie das Tier, jedoch das, was den Menschen ausmacht, nämlich die Erkenntnisfähigkeit, kann von einer animalischen Wesenheit niemals erreicht werden, denn es fehlt ihr der Geistkörper, der aus dem Selbst kommt und sich ins Ich inkarniert.

Materie, also auch unser Körper, ist starr und schwerfällig

30

und vor allem instinktiv. So verlangt dieser Menschenleib nach allem, was das Tier als sein Geburtsrecht fordert: Futter, Revier in ausreichendem Maße, Befriedigung des Geschlechtstriebes in der Brunftzeit, Anerkennung der Rangordnung im Rudel und so weiter. Diese instinktiven Triebe haben unsere Tierwelt, aber auch den Menschen über Jahrtausende erhalten und sich entwickeln lassen, nach dem Motto, der Stärkere darf weiterleben.

Alle diese über Äonen angesammelten Erfahrungen sind in den Zellen des fleischlichen Körpers noch immer als Erinnerungsfragmente enthalten und arbeiten im Auftrag der Arterhaltung. Das ganze Gebilde erinnert mich irgendwie an ein alteingesessenes Unternehmen, wo seit dem Gründungstag alles »so und nicht anders« abzulaufen hat. Und nun kommt da plötzlich ein weit herumgekommener energiegeladener neuer Geschäftsführer, der mit bester Absicht versucht, seine fortschrittlichen Ideen dem Unternehmen aufs Auge, oder besser auf den Führungsmodus zu drücken. Das muß Ärger geben.

Denn die Alteingesessenen werden sich wehren unter dem Motto: Das hat bis heute so prima funktioniert, und das wird auch weiterhin so funktionieren. Dabei geht es immer um Bequemlichkeit, oft nur um willkürliche Festlegung der Arbeitszeiten oder um Fortführung von alter hierarchischer Hackordnung, um nur zwei Beispiele zu nennen.

Selbstmord ist keine Lösung

Für den Neuankömmling gibt es vier Möglichkeiten:
1. Er resigniert und fügt sich in das veraltete Programm.
2. Er versucht mit Gewalt seine Erkenntnisse und Interessen durchzusetzen und zu verwirklichen.
3. Er wählt den goldenen Mittelweg und sagt sich: Nur eine schrittweise Umstrukturierung kann einen dauerhaften Erfolg bringen.
4. Er kündigt.

Die vier eben genannten Möglichkeiten haben wir alle, wenn wir in einen Menschenkörper inkarnieren. Uns obliegt die freie Willensentscheidung, für welchen der vier Punkte wir uns letztlich entschließen.

Punkt 1 kommt einem völligen sich Ergeben in das Instinkt-Programm des eigenen Körpers, dem absoluten Nachgeben aller Triebe und Gelüste und somit dem Zusammenbruch der geistigen Auftragserinnerung gleich. Zuerst mahnt noch das »schlechte« Gewissen, doch wird es bald von der Bequemlichkeit und Triebhaftigkeit zum Schweigen gebracht. Schließlich ist der Herr im Haus der Körper, denn das Fleisch weiß genau, was es will, und kommt den Bedürfnissen seines unruhigen und sehr oft recht sprunghaften Mieters, des Geistes, allemal recht schleppend nach. Es sei denn, man zeigt ihm, wo der Bartl den Most holt. Das heißt, man diszipliniert sich.

Diese Disziplin fängt schon morgens beim Aufstehen mit den berühmten »Ach-noch-fünf-Minuten« an, aus denen dann die noch berühmtere Viertelstunde wird, die einem am

Schluß dann fehlt, geht weiter mit der Aggressionskontrolle am Arbeitsplatz, und endet beim »Nein-Danke-Sagen« zum hartnäckig angebotenen Alkohol und den freigebig offerierten Zigaretten auf der nachbarlichen Party. Das sind die noch harmlosen Prüfungen. Schlimmer wird es dann, wenn es um Drogen, Korruption oder auch um den attraktiven Partner des Freundes oder der Freundin geht. Die Angebotsliste ist gewaltig und genauso gewaltig müßte die Widerstandsenergie sein. Daß sie es meist nicht ist, zeigt uns, wie notwendig wir alle diese Inkarnation haben.

Es geht weiter mit den Menschen, die glauben, ihr Heil in der Unterdrückung und Kasteiung ihrer Triebe zu finden, und die dann auch noch zumeist versuchen, ihre diesbezügliche Dressurnummer ihrer Umwelt aufzuzwingen. Das entspricht Nummer 2 unserer 4 Möglichkeiten. Hier wird gar nichts mehr gestattet. Es darf nur mehr Vollwertkost gegessen, in harten Betten geschlafen und sich in Sack und Asche gekleidet werden, weil alles andere die üblen Lüste begünstigt. Ich erkenne diese Menschen auf vierzehn Meter. Sie haben alle einen eigenartigen, leicht säuerlichen Geruch.

Der Grund ist: So kümmerlich will der Körper sein Leben nun auch nicht fristen. Übrigens, um Mißverständnissen vorzubeugen: Es gibt Menschen, die Vollwertkost essen, auf Futons schlafen, keinen Wert auf Modetrends legen und von umschmeißender Schönheit und angenehmster harmonischer Ausstrahlung sind. Der Unterschied zu den Leuten, die ich zuerst beschrieben habe, besteht zu den zuletzt genannten darin, daß diese niemals versuchen, andere Menschen mit ihrer Lebensphilosophie zu drangsalieren. Es sind die Gesegneten, die nach einer langen Reifephase, wahrscheinlich über zahlreiche Inkarnationen hinweg, begriffen haben, was ihrem speziellen Selbst guttut, und sich mühe- und gewaltlos nach dieser Erkenntnis richten.

Womit wir bei Punkt 3 wären, dem schrittweisen Umstrukturieren. Hier tangieren wir auch das Thema Nächstenliebe, denn, wer mit sich selbst nicht lieb umgehen kann, der wird es mit seinem Nächsten auch nicht tun. Wer meint, er muß seine Reife mit Gewalt erlangen, wird nicht nur an sich selbst scheitern, sondern auch an seiner Umgebung. Wenn ich eine Richtung als die wahre erkannt habe, dann kann sich meine diesbezügliche Erkenntnis bestenfalls als Empfehlung meiner Umgebung kundtun.

Ich glaube, daß ich nicht vergessen darf, an dieser Stelle zu sagen, daß ich hier nur zu und von erwachsenen Menschen spreche und nicht von der Erziehung von Kindern und Jugendlichen. Das wäre ein völlig anderes Thema, das ohne Mühe ein weiteres Buch füllen könnte.

Hier geht es uns ja um das Erarbeiten der Erkenntnis von schicksalsmäßigen Abläufen, was ein Thema ist, das im allgemeinen frühestens nach dem dritten abgeschlossenen Lebensjahrsiebt zu interessieren beginnt. Ich wähle diese etwas umständlich anmutende Formulierung aus gutem Grund. Die Fortgeschrittenen unter Ihnen werden wissen, daß Astralleib und Körper ihr völliges Ineinandergreifen erst zu diesem Zeitpunkt erreicht haben. Vorher ist der Mensch vollauf damit beschäftigt, sein »Ich« zu formieren, weswegen es selten Kinder gibt, die über Einsamkeit klagen.

Die durch unsere Entwicklung forcierte frühzeitige Reifung unserer Jugendlichen hat dazu geführt, daß der ursprüngliche, meisterhaft getimte Wachstumsablauf aus seinem empfindlichen Gleichgewicht gekommen ist. Die Folgen sind unabsehbar und momentan besonders stark zu merken, wie ich meine. Doch nicht nur unsere jungen Leute werden unter den Folgen leiden, sondern auch wir, die wir schweres Karma auf uns geladen haben, da wir unterlassen haben, unseren Nachkömmlingen den Schutz zu gewähren, der ihr Recht und unsere Pflicht ist. Was wurde mit der viel zu frühen Aufklärung angerichtet, mit dem Märchen vom Heil der frühen Verselbständigung? Sexualhormone werden angeregt durch das Einfüttern von Sexus- und Eros-Elementen in das menschliche Hirn. Das hat sich doch sogar bis in unsere Videotheken herumgesprochen, die damit ihre fettesten Geschäfte machen. Wie kombinationsunfähig müssen unsere Pädagogen sein, die nicht begriffen haben, daß Sexualhormone dadurch nicht nur angeregt, sondern bei Kindern vor der Zeit aufgeweckt, aktiviert werden. Warum haben wir die schlafenden Hunde denn nicht schlafen lassen können, bis sie von selbst aufwachen wollten? Nun brauchen wir uns über das Gebell auch nicht zu beklagen; wir haben es selbst ausgelöst. Nostra culpa...

Die Jugendlichen, die ich in meiner Beratung hatte, kamen in den seltensten Fällen aus beruflichen Gründen. Es war meistens die ausweglos scheinende Situation, die durch das Nichtwissen des Umgangs mit der eigenen Sexualität entstanden war und sie zuletzt in die Isolation getrieben hatte. In den letzten drei Jahren hatte ich 16 (!) Jugendliche, die sich umbringen wollten. Und ich bin keine öffentliche Beratungsstelle, die im Telefonbuch steht. Die Dunkelziffer muß gewaltig sein, womit wir beim Punkt 4 der Möglichkeiten angekommen wären.

Der Suizid ist die schlimmste Form der Resignation, die einem Menschen widerfahren kann. Wenn die natürliche Angst vor dem Tod plötzlich klein wird im Gegensatz zu der Angst vor den Alltagsproblemen, dann wird es brenzlig.

Gott sei Dank habe ich meine Leute »durchgebracht«, und es ist immer wieder die gleiche Story, die letzten Endes den Ausschlag gegeben hat, daß das Leben Sieger geblieben ist. Es ist eigentlich nur eine ganz kleine, traurige Story, aber sie stimmt.

Als mein Freund Ralph sich vor sechs Jahren umbrachte, er sprang aus dem sechsten Stock eines Hauses, lebte dann noch einige Stunden mit gespaltenem Schädel, bevor er starb, verschloß ich mich vor dem Thema Selbstmord noch mehr, als ich vorher getan hatte. In meiner Beratungspraxis galt: Bei mir bringt sich keiner um. Und nun hatte sich jemand aus meiner nächsten Umgebung umgebracht!

Vier (!) Jahre nach dem Unglück geriet ich im Rahmen meiner Jenseitskontakte völlig ungeplant und unbeabsichtigt an meinen toten Freund. Der folgende Dialog ist vom Tonband abgeschrieben:

Wer ist da... wer ist das?
Hier ist Ralph...
... welcher Ralph? ... Ralph, bist du's?
Ja, ja, ich bin's...
Ralph, wie geht es dir, was tust du, wer ist bei dir?
Es geht mir gut... ich bin so allein... sehr...
Ist niemand mit dir?
Doch... sind schon da... ist wie in der Wartehalle vom Bahnhof in der Nacht.
Kannst du wieder inkarnieren?
Ja, kann schon...
Wann denn?
Muß warten...
Auf was?
Bis alles wieder zusammenstimmt, muß dasselbe nochmal leben, die Zeit muß stimmen...
Bist du bestraft worden, für das, was du getan hast?
Was... bestraft... nein, nein, nicht bestraft, nur warten auf die Zeit, das gleiche nochmal, alles wieder...

36

Damit ist alles gesagt, was es zum Thema »Im Jenseits nach dem Selbstmord« zu sagen gibt. Müßte ich heute ein Buch darüber schreiben, würde ich es nennen: »Wie in einem Bahnhof in der Nacht.«

Das Gespräch ging natürlich noch weiter, doch geht die Qualität der Information nicht über die der ersten Minuten hinaus, deswegen habe ich nur den Anfang wiedergegeben.

Also, meine Lieben, Punkt 4 der Möglichkeiten kann ersatzlos gestrichen werden. Es sei denn, man ist wirklich bereit, eine ganze Zeit wie ein Staatenloser in einem Durchgangslager zu verbringen, was natürlich auch eine Form der Ruhepause ist. In Anbetracht dessen, daß man dieselben Probleme in wahrscheinlich etwas anderer Aufmachung, jedoch unter exakter Beibehaltung des Maßes der Anforderung dann zu gegebener Zeit wieder serviert bekommt, ist der Zwischenakt, emotionslos gesehen, die reinste Zeitverschwendung.

Da ist die einzige »Strafe«, die einen Selbstmörder ereilt neben der bis zu seiner Wiedergeburt qualvoll existenten Erkenntnis, wie unklug er gehandelt hat.

Es wird von bestimmten religiösen Institutionen immer wieder betont, daß Selbstmord von Gott wie Mord geahndet wird und die Strafe dafür dieselbe sei. Das ist nicht wahr. Ganz abgesehen davon, daß Gott nicht für Ahndung und Bestrafung zuständig ist, was sich anscheinend noch immer nicht herumgesprochen hat. Vielmehr ist es wichtig zu begreifen, daß diese dem freien Willen entstammenden und aus ihm entstehenden Schicksalsabläufe dem Gesetz des Karma unterliegen, also letztendlich von uns selbst erzeugt werden.

Eine völlige Akzeptanz dieses Faktums würde auch zu einem reiferen Gottesverständnis führen, heraus aus der infantilen Begrifflichkeit unseres Schöpfers als Rächer und »In-Versuchung-Führer«, oder auch als »Lieber Gott«. Welch eine Unterschätzung dieser kosmischen Allmacht!

Ich empfehle allen an einer Erweiterung ihres Gottesbe-
wußtseins interessierten Menschen das geniale Buch *Die
Quantengötter* von Jeff Love. Was für eine geglückte
Mischung von Logik und Intuition! Und wie hilfreich auch
auf dem weiten Feld der Selbstfindung, das nichts anderes ist,
als das Gebiet der schrittweisen Umstrukturierung, die nur
durch Erkenntnis, also Begreifen erlangt werden kann.

Nicht umsonst finden wir in dem Wort Begreifen auch das
Wort Reifen wieder, denn jeder begriffene Moment unseres
Lebens bringt uns der Vollkommenheit näher und löst auch
unser Karma auf.

Jeder noch so harte Schicksalsschlag verliert seine Schrek-
ken in genau dem Maße, in dem das Begreifen fortschreitet,
womit bewiesen wäre, daß nicht Zeit der Heiler aller Wunden
ist, sondern das Begreifen, das seine Zeit braucht.

5

Absicht und Begreifen

Sie werden es schon gemerkt haben: Die beiden Begriffe,
denen Sie in diesem Buch bis jetzt am häufigsten begegnet
sind, heißen Absicht und Begreifen, was natürlich kein Zufall
ist. Denn diese beiden sind die Basis des Erzeugens *der* Form
von Energie, die zur Inkarnation führt. Gespeist wird dieses
Kraftwerk vom Wunsch, der Gottähnlichkeit näher zu kommen, und schon sind wir wieder bei der Sehnsucht angelangt,
die der Nährboden für Absicht und Begreifen ist.

Sehnsucht ist die Ahnung der Veränderungsmöglichkeiten von Zuständen, aber auch der Trieb, positiv zu verändern.

Ziehen wir die drei Begriffe nun zusammen, so wird sich bei einiger Überlegung ergeben, daß die Abfolge sein muß:
1. Sehnsucht (= Ahnung)
2. Begreifen (= Ordnen)
3. Absicht (= Neu-Formieren)

In genau dieser Folge muß es zu einem Ergebnis kommen, und dieses kann nur heißen Um-Strukturierung, sprich Neu-Struktur. Das Programm kann nur fehlerlos ablaufen, wenn jeder Programmpunkt in sich stimmt, in sich abgeschlossen ist und dann nahtlos in den nächsten Punkt übergeht, hinübergreift.

Im Jenseits sieht das ungefähr so aus:

An einem bestimmten Punkt seiner Reifungsphase erkennt jedes geistige Wesen, daß nun die Zeit für eine Inkarnation wiedergekommen ist. Aus dieser Erkenntnis heraus entsteht die Bereitschaft, den Geistkörper so zu formieren, daß seine Gestalt auf eine human-genetische Basis übersetzbar wird. Es bildet sich also im nicht-materiellen Bereich ein geistiger genetischer Code, der in seiner Zusammensetzung genau dem späteren, aus dem Erbgut der zukünftigen Eltern entstandenen DNS-Code adäquat ist. Selbstverständlich erarbeitet sich der Erdgeborene in spe dieses Programm nicht alleine.

Von Anbeginn seiner Wiederkehr ins Jenseits, sprich seines Todes, haben ihm Lehrmeister, Schutzgeister und freundlich Gesonnene hilfreich zur Seite gestanden. Sie waren es auch, die ihm geholfen haben, sein gelebtes Inkarnationsprogramm mit all seinen begriffenen und unverstandenen Abläufen nochmals vor Augen zu führen und zu überarbeiten.

Nach einer Zeit der Erholung und Wiedereingliederung in den nicht-stofflichen Bereich begann ein Arbeitsprogramm, das man durchaus als Schulung bezeichnen kann. Nach einer dem individuellen Reifeplan angemessenen Zeit wächst in jedem Wesen der Drang, das Erlernte zu erproben, die einst nicht bestandenen Prüfungen nun mit Erfolg zu bestehen und über die Möglichkeit des menschlichen »Ich« die Fehler auszumerzen, die an einer endgültigen Rückkehr ins kosmische Sein hindern. Dieser Drang, wieder zu inkarnieren, kann mit dem vorher genannten Punkt 1 des Plans der Umstrukturierung gleichgesetzt werden: der Sehnsucht.

Nun muß dieser Drang, diese Sehnsucht, eine Erfüllung in Form einer begriffenen Umsetzung auf künftige Erfordernisse bekommen. Mit Hilfe von Geistwesen, die, wie man bei uns auf Erden sagen würde, auf diesen Job spezialisiert sind, wird nun der Reinkarnationsplan unter Berücksichtigung der akashischen Abläufe früherer Vermenschlichungen und der sich daraus ergebenden karmischen Zusammenhänge erstellt.

Das heißt im Klartext: Sämtliche, vor allem aber die letzten drei Inkarnationen werden genau unter die Lupe genommen, was mit Hilfe der kosmischen Universal-Bibliothek, der Akasha-Chronik, möglich ist. Im Laufe von langen und intensiven Gesprächen mit hochgestellten Geistwesen kristallisiert sich nun der Schicksalsplan der kommenden Inkarnation heraus. Jeder Punkt wird genau besprochen, sorgfältig werden die Aspekte gegeneinander abgewogen, die Belastungsfähigkeit der Seele geprüft, die Prüfungspunkte festgelegt. Zu jeder Zeit dieser Besprechungen ist der Betroffene voll integriert und mitsprachefähig, das heißt, daß kein Punkt im Schicksalsablauf abgehakt wird, bevor nicht alle ihr Okay gegeben haben. Jeder weiß, wie kostbar die »Studienplätze« auf der Erde sind, und niemand wird riskieren, daß durch ein überspanntes Programm der Erfolg von vornherein in Frage gestellt wird.

Dem gemeinsamen Erarbeiten des Schicksalsprogramms kann Punkt 2 unserer Drei-Punkte-Liste gleichgestellt werden: das Begreifen. Die Seele, die sich nun immer konzentrierter auf ihre Erdenlaufbahn vorbereitet, verinnerlicht nun immer mehr die Zusammenhänge, die Anforderungen, das Erlernte, die Ratschläge und Gebote und aus dieser Verständnis-Reife heraus klärt sich zunehmend die Absicht, also unser letzter Punkt.

Bei Rudolf Steiner klingt das dann in etwa so: Wenn der Mensch nun alle früheren Tätigkeiten in geistige Kräfte umgesetzt hat, dann beginnt der Erdenkreis ihn wieder anzuziehen.

Also: Zuerst einmal muß die Absicht klargestellt und stimmig sein mit den künftigen Gegebenheiten, erst dann kann's losgehen.

Ich weiß nicht, was ich drum geben würde, wenn dieses Ablauf-Verständnis schon in den Kindergärten in angemessener Form gelehrt werden würde. Vor wieviel unüberlegten Handlungen würden wir uns selbst bewahren, und wieviel Leid würde gemildert werden.

Immer mehr gewinnt Steiners Hinweis: »Du mußt lernen, die Zusammenhänge zu erkennen, die Zeichen richtig zu deuten«, an Gewicht. Nichts anderes als diesen Aufbau kann er gemeint haben.

Wie bitter empfinde ich es immer wieder, wenn Menschen in reifem Alter ihr Leben mit einem einzigen Kommentar abstempeln: »Also ich verstehe nicht, wozu das alles gut sein soll, dieses Leben.«

Alle diese Menschen haben ihr Leben absichtslos gelebt. Ohne Absicht kein Ziel, ohne Ziel kein Sinn. Ich muß dabei immer an Marathonläufer denken, die vor sich hinrennen, und nicht einmal wissen, wo das Stadion ist, in dem man auf ihre Ankunft wartet.

Wir haben alle ein funktionierendes Zellgedächtnis, das auf vielen Ebenen aktiv werden kann, wie zum Beispiel auf der geistig-feinstofflichen wie auch auf der instinktiv-animalischen. Das Spektrum ist breit gefächert. Unsere Aufgabe ist es, die Vielfältigkeit zu nutzen.

Während meiner Vorträge gibt es immer viel Gelächter, wenn ich die menschlichen Hirne mit »Froggy-Pianos« und »Steinway-Flügeln« vergleiche, wobei das erstere die unterste Stufe der Möglichkeiten der Leistungsfähigkeit unseres Schädelinhalts darstellen soll und letzteres das Gegenteil, also die Höchstleistung. (Für die Fachleute: Bösendorfer ist auch nicht von schlechten Eltern!!)

Für die, die auf dem Gebiet der Tasteninstrumente weniger bewandert sind: Ein »Froggy-Piano« können Sie auf jedem Jahrmarkt für ihr Kleinkind kaufen. Es wird unendliches Vergnügen daran haben, auf den zwölf, nicht unbedingt nach dem Kammerton gestimmten Tasten dieses Baby-Klavierchens herumzuhacken, umsomehr, da bei jedem Anschlag ein Froschkopf sein Maul öffnet, und mit dieser Geste die Aktion visuell unterstreicht. Auf diesem »Instrument« kann man zwar *Hänschen klein* durchaus verständlich interpretieren, aber das auch nur in der C-Dur-Tonart, denn die Halbschritt-Tasten fehlen völlig.

An ein *Horch, was kommt von draußen rein* ist gar nicht zu denken! Diese Einschränkung wird jeder auf die Dauer als bitter empfinden, der an einer Ausweitung der Interpretationsmöglichkeiten seines Liedgutes interessiert ist. Also wird man sich tunlichst doch irgendwann ein Gerät zulegen, das den Anforderungen mehr entspricht. Bei Förderung des Talents und noch größerem Fleiß liegen dann eines Tages die Hände vielleicht beseligt auf dem echten Elfenbein eines

Steinway-Flügels, und die Mondscheinsonate mag das Ohr des Zuhörers verzaubern. Doch das muß ja nicht sein. Nichts wäre frustrierender, als wenn die ganze Welt übersät wäre mit schon in frühester Kindheit konzertreif interpretierenden Tastengenies. Aber Sie werden mir doch zugeben, daß das Gegenteil auf die Dauer gesehen mindestens ebenso nervtötend empfunden werden muß.

Wenn Sie wüßten, wie viele Menschen sich ihr ganzes Leben symbolisch gesehen mit einem »Froggy-Piano« zufrieden geben!! Nach dem Motto: *Hänschen klein* in C-Dur reicht doch.

Es wird unserem allgemeinen Verständnis dienlich sein, wenn wir uns die kosmische Welt mit der Gesamtheit ihrer Geistwesen als Riesenorchester vorstellen, in dem wir tagtäglich, unseren Fähigkeiten entsprechend, mitwirken. Es ist unsere tiefste Pflicht, unsere Fähigkeiten tagtäglich so zu vervollkommnen, daß das Riesenorchester von Stunde zu Stunde makelloser klingt.

Das heißt; wir sind unserem Schöpfer dahingehend verpflichtet, seinem Bild und Gleichnis, nach dem er uns ja erschaffen hat, durch Ausbildung und Vervollkommnung würdig zu werden.

Zauberwort Interesse

Interesse zu haben, das heißt, für *alles* interessiert zu leben. Ich möchte nicht wissen, wieviele Menschen mit dem Tage ihres Schulabgangs aufhören, sich allgemein zu bilden, nach dem Motto: Jetzt muß aber Schluß sein mit der Plackerei.

Das war erst die Basis. Jetzt beginnt erst die wirkliche Arbeit, nämlich die Umsetzung auf die Persönlichkeit und auf das tägliche Leben.

Meine alte, leider verstorbene Lehrerin Mira von Dietlein pflegte diesbezüglich zu bemerken: »Ihre Hunde führen die Leut' jeden Tag spazieren, aber glaubst du, die würden dasselbe ihrem Geist zubilligen!« Wie klug sie war! Und wie sehr wünschte ich, unsere jungen Leute hätten Lehrer wie diese Frau.

Ich kann es vielen jungen Menschen nicht übel nehmen, wenn sie nach dem Schulabgang erst mal »die Schnauze gestrichen voll haben«. Das hatte ich auch. AAaaaber – nur von den Fächern, die von humorlosen, psalmodierenden, dem Wort Rhetorik spottenden Lehrern präsentiert worden waren. Da, wo Lehrer am Werke waren, denen ihre Berufsbezeichnung eine Ehre war, bin ich gierig gemacht worden, hungrig und – *urteilsfähig*, die erste und heiligste Pflicht eines Unterrichtenden. Der Hunger hat bis heute angehalten, ein Abnehmen des Appetits ist nicht abzusehen, und wenn Sie mich jetzt zufällig fragen sollten, was das mit Einsamkeit zu tun haben soll, dann kann ich Ihnen nur antworten: Daß ich heute noch auf dieser Erde weile, verdanke ich nicht nur meinen Geistführern, sondern auch den paar exzellenten Lehrern, die ich hatte, die mein Gehirn mit Begeisterungsfähigkeit zu füllen vermochten und mit der Liebe zu den guten, edlen und schönen Dingen.

Meinen ersten Brutalo-Western sah ich mit 22 Jahren, und es war auch der letzte. Mein amerikanischer Freund hatte mich hineingeschleppt, und das Erlebnis war so nachhaltig, daß mir jedes Wort der Konversation zwischen uns beiden, die sich dem fragwürdigen Kinobesuch anschloß, im Gedächtnis blieb. Ich sagte ihm damals, daß ich keinerlei Verständnis hätte für Menschen, die aus der kommerziellen Verwertung der niedrigsten menschlichen Eigenschaften ihren Nutzen ziehen würden (gemeint sind damit Filmverleiher, Regisseure, Drehbuchschreiber, Schauspieler, Kinobesitzer usw.), und daß ich, wäre ich ein maßgeblicher Politiker, ein Gesetz erlassen würde, das diese Art von Filmen verbietet. Natürlich habe ich mich nicht so gewählt ausgedrückt, aber das »meaning« war das gleiche.

Heute bin ich sogar schon so weit, daß ich mich in Streit-Diskussionen über das Thema »Bevormundung« einlasse. Denn ich muß hiermit bekennen, daß ich meine Meinung von damals nicht geändert, aber in hohem Maße gefestigt und differenziert habe, denn heute *weiß* ich im Gegensatz zu damals, als ich nur die Ahnung hatte, daß diese Art von filmischen »Kunstwerken« in zerstörerischer Weise auf unsere Körperzellen wirken, unseres Geistkörpers zuerst, wohlgemerkt.

Vielleicht sind Sie wieder der Ansicht, daß dieses Thema nicht in ein Werk über Einsamkeit gehört. Und ich sage Ihnen: »Doch, und wie!« Denn diese fast unbemerkt wirkende Zerstörung der Zellen macht den Menschen instabil und anfällig. Ich riskiere hiermit bewußt, als intolerante Fanatikerin abgestempelt zu werden. Es ist mir gleich, denn ich weiß um die Folgen, habe also die Pflicht, den Mund aufzutun: Alle, die solches unter das ahnungslose Volk bringen, sind als potentielle Mörder anzusehen. Es handelt sich hierbei nicht nur um die Darstellung von Gewalt, sondern um jede Form, die der Entwicklung eines Menschen abträglich ist, vor allem eines jungen Menschen.

Nochmals: Erst mit 21 Jahren ist der Mensch einigermaßen gefestigt und urteilsfähig. Solange brauchen Astralleib, Ätherleib und physischer Körper, um ihre Harmonie zu finden. Weh' dem, der diese Entwicklung stört!

Einsamkeit entsteht auch aus einem Mißverhältnis der inneren Balance, und diese Balance braucht lange, um das Geheimnis der Beherrschung des Ausgleichs zu finden.

Was für eine Absicht teilt sich denn dem Beschauer samt seiner Balance bei Betrachten vorher benannter Darstellungen mit? Was wird denn angeregt, aktiviert, gefördert?

Wenn das Erstellen einer Absicht lange genug in positiver Weise geschult wird, dann verringert sich automatisch die Gefahr, in ein gegenteiliges Fahrwasser zu geraten.

Ich werde Ihnen eine Geschichte erzählen, *una bella storia*, wie man bei uns zu Hause sagt, und ich schwöre, jedes Wort ist wahr:

Ich bin in einer Klosterschule aufgewachsen. Ganz klar, wenn man diese Institution verläßt, ist man auf einem Gebiet mit Sicherheit mehr als ungebildet: nämlich auf dem Gebiet des Sex und allem, was dazu gehört. Das heißt jetzt nicht, daß ich nicht wußte, woher die Kinder kommen, aber die vatikanische Unsitte, Michelangelos Meisterwerken an bestimmten Körperteilen Schürzerln zu verpassen, war auch in unserer Schule gang und gäbe. Also mußte ich das Thema »Mann« ohne weitere schulische Unterstützung erforschen, was mit den landesüblichen mehr oder weniger erfreulichen Begleitumständen erfolgte. Da meine »Absicht« diesbezüglich jedoch durchaus klösterlich-edel gefärbt war, geschah etwas sehr Eigenartiges: bis zum heutigen Tag hat mir noch nie-

46

mand unsittliche Anträge gemacht. Ungestüme, jawohl, aber niemals die Würde verletzende, bis auf ein einziges Mal, und dieses Mal ist dermaßen symptomatisch erstens für die spezifische Art von McLean'schen Erlebnissen und zweitens für den Beweis von sogar unbewußter Durchsetzung einer einmal beschlossenen Absicht, daß ich Ihnen das Ereignis nicht vorenthalten will, das als »Die Schändung der Kuckucksuhr« in die Familienannalen des Jahres 1975 einging:

Eines späten Abends brachte ich noch Briefe zum Spätschalter des Münchner Bahnpostamtes, das, wie schon der Name mitteilt, am Bahnhof liegt. Ich kam von meinem Vater, der mir bei diesem Besuch eine Kuckucksuhr vom Speicher geschenkt hatte, ein altes verstaubtes Modell, dessen Vogerltür etwas aus den Angeln geraten war und deshalb matt herunterhing, was den darin noch immer aktiv wirkenden Kuckuck veranlaßte, bei jeder Bewegung des Möbels herauszustürzen und ein schrill-schnarrendes, aber durchaus seine Art erkennbar machendes Rufzeichen von sich zu geben.

So strebte ich also dem Bahnpostschalter zu, unter dem einen Arm ein Briefpaket, unter dem anderen eine äußerst unruhige Kuckucksuhr. Ich gesellte mich zu der Gruppe der vor dem Schalter Wartenden, gab dann meine Briefe ab und wollte eben wieder mit meinem sich darob erregt äußernden Getier die Treppen zur Straße hinunterschreiten, als sich mir ein ganz normal aussehender, etwa 35jähriger Mann in den Weg stellte, mich sehr freundlich betrachtete (zu freundlich, wie ich heute als alte gewitzte Dame weiß) und sagte: »Ja mei, wo will denn das arme Vogerl mit dem Fräulein hin?«

Um wieder mal eine lange Geschichte nicht durch Langatmigkeit zu töten: Er bot mir an, mich nach Hause zu fahren, und ich dumme Gans, damals immerhin schon satte 29 Jahre alt, nahm nach der zunächst erfolgten allgemein bekannten Ablehnungs-Arie dankend an.

47

Also, er fuhr los, und nach zehn Minuten denke ich mir, das ist doch, beim Schmied von Kochel, nicht die Richtung, in die ich ihn dirigiert habe. Also äußere ich mich dementsprechend, worauf der Typ mir mit gleichbleibender Freundlichkeit erklärt, daß er mich sooo nett findet, daß er mich noch ein paar wirklich ebenso netten Freunden vorstellen möchte, die gerade in Hintertrudering oder so eine Party feiern. Na ja, da ich nun in einem nicht gerade langsam fahrenden Auto saß, noch dazu mit einem brüllenden Kuckuck unterm Arm, und der Mann ja auch nicht direkt handgreiflich geworden war, blieb ich also brav sitzen, stieg dann ebenso brav irgendwo aus, meinen Speicherschatz unter dem Arm hütend wie weiland Artus den Gral, und folgte dem Menschen in den 8. Stock eines Hauses in eine große 4-Zimmer-Wohnung, mitten hinein – in eine auf vollen Touren laufende Sex-Party.

Und nun tat ich etwas, was im Nachhinein betrachtet geradezu filmreif war: Nachdem ich artig »Guten Abend« gewünscht hatte, fing ich an, mit sorgsam gegen die Brust gepreßter Kuckucksbehausung, mich von einem der Kunstgegenstände zum anderen zu bewegen, mit denen diese Wohnung üppig ausgestattet war, jedes Stück laut, aber durchaus fachmännisch kommentierend. Etwa so: »Aaah, ein ungarisches Gewehr mit Zündschloß, ja wo haben Sie denn das gefunden, ja und sooo ein schöner Seidenteppich! Also, so eine feine Knüpfung habe ich ja im Leben noch nie gesehen, ja und was ist denn das für ein entzückender Florian, sieht ja aus wie ein später Tilman Riemenschneider...« usw.... usw!!

Natürlich fühlte sich mein Kuckuck verpflichtet, seiner Sangeskunst an allen möglichen passenden und unpassenden Stellen meines Sermons Genüge zu tun, und so wurde es im Raum immer stiller und stiller, die Aktivitäten erschlafften in zunehmendem Maße, und plötzlich formierte sich aus der orgiastischen Gesellschaft ein gesitteter Kreis gesittet parlie-

48

render Menschen, die ihre Blößen mit Handtüchern, Papptellern, Servietten und ähnlichem nicht nur vor mir, sondern sichtlich auch voreinander verbargen, und die sich alle dafür interessierten, wo ich denn so eine reizende Kuckucksuhr zu so später Stunde aufgetrieben hätte.

Und so erzählte ich ihnen ein bißchen von Speichern, Uhren und Antiquitäten im allgemeinen, was sie sehr unterhaltsam fanden, sodann wies ich auf die vorgerückte Stunde hin, schulterte meine Uhr und verließ unter allgemeiner und freundlichster Anteilnahme das sündige Etablissement nach fünfzehn Minuten, ohne daß mir jemand auch nur ein Haar gekrümmt hätte. Während ich mich verabschiedete, bemerkte ich, daß die eine und der andere begann, sich wieder anzuziehen, was mich zu der wahrscheinlich berechtigten Hoffnung hinriß, daß das tigellinische Treiben durch meinen Kuckucks-Auftritt in seiner Absicht unwiderbringlich gestört worden war.

Was wäre geschehen, hätte ich »normal« reagiert?«

Bestenfalls hätte man versucht, mich zu »überreden«, schlimmstenfalls, mich zu überrumpeln. Da aber von meiner Seite nichts kam, was auch nur im geringsten mit der allgemein herrschenden Absicht zu tun hatte, ich auf der anderen Seite aber eben dadurch ungemein destruktiv tätig war, auch noch durch konträr wirkende akustische Signale unterstützt (wer sagt beim Geschlechtsverkehr schon »Kuckuck«?), kam die ganze delikate Aufführung ins Wanken.

Warum? Ganz einfach: Man schämte sich. Alle wußten ganz genau, daß das, was sie da momentan taten, nicht ganz in Ordnung war, und durch mein Auftauchen als Fremdkörper wurde dieses Wissen aktiviert.

Nun frage ich mich: Wenn dieses Experiment damals gelungen ist, warum soll es nicht auch auf anderen Gebieten funktionieren? Nach dem Rezept: Man nehme erst mal eine einzige Person, die mit der klaren Absicht ausgerüstet ist, etwas anderes zu wollen, als eine Gruppe, in die man sie hineinsteckt. Lassen wir einmal dahingestellt sein, ob diese Person im landläufigen Sinn »recht« hat oder nicht. Je klarer sie ihr »Recht« verkörpern wird, desto größer sind ihre Chancen, daß die ganze Gruppe umschwenkt und plötzlich das richtig findet, was diese Person verlangt.

Wir wollen jetzt nicht in das weite Land der Massenpsychologie ausschweifen, aber hatten wir mit diesem Problem nicht auch schon in diesem unseren Heimatlande in negativer Form mit überwältigender Wirkung zu tun? Und wenn dieses Phänomen auf große Massen wirken kann, dann muß es logischerweise noch viel einfacher auf zahlenmäßig weit unterlegene Gruppen wirken.

7

Der Einsamkeit auf der Spur

Da wir uns ja hier auf das Thema Einsamkeit beschränken wollen, gilt also jetzt für alle, die sich einsam fühlen, und es nicht mehr sein wollen, folgende Überlegungen anzustellen:

1. Wann habe ich mich zum ersten Mal wirklich einsam gefühlt?
2. Welche äußeren Umstände haben mich zu dieser Empfindung veranlaßt?
3. Wann wurde meine Empfindung zum ersten Mal von meiner Umwelt wahrgenommen?

4. Wie habe ich versucht, diese Wahrnehmung zu erklären?
5. Was habe ich unternommen?
6. Wann habe ich aufgehört, etwas zu unternehmen?

Die Überlegungen 1 bis 4 gelten nicht für Menschen, die, in welcher Art und Weise auch immer, durch Unfälle oder Todesfälle in die Isolation geraten sind und ebenfalls nicht für Leute, die sich mit der weitverbreiteten Form von Alterseinsamkeit quälen. Diese beiden Gruppen mögen die Ausführungen bis Punkt 5 entweder überspringen oder rein informativ lesen, da ich die betreffende Problematik in den darauffolgenden Kapiteln gesondert besprechen werde.

Die Punkte 1 bis 4 sind vor allem für Menschen gedacht, die ohne auf den ersten Blick erkennbare Umstände ins »Aus« geraten sind. Haben Sie das gerade akzeptiert, dieses Wort »Aus«, oder hat es Ihnen sauer aufgestoßen? Wenn ja, dann ist noch nichts verloren, wenn nein, dann muß nun doppelt genau gearbeitet werden.

Zuerst einmal folgende Information für alle:

Ihr seid nicht im *Aus*, sondern in einem *Ausnahmezustand!*

Sollten Sie dieses überhaupt nicht akzeptieren können und außerdem auf Punkt 1 antworten, ich habe mich immer einsam gefühlt und unter diesem Zustand immer gelitten, dann gehören Sie in die Hände eines guten Psychiaters und Therapeuten, der mit Ihnen Ihre gesamte Persönlichkeitsstruktur überarbeiten muß. Diese Arbeit können Sie nicht alleine bewältigen, und dieses Buch kann sie Ihnen auch nicht ersetzen. Deswegen zögern Sie bitte keinen Moment länger, ärztliche Hilfe in Anspruch zu nehmen.

Für alle anderen gilt: Hinsetzen und, vielleicht sogar schriftlich, erinnern, wann die Einsamkeit als solche zum ersten Mal wirklich qualvoll empfunden wurde.

Wenn Sie den Punkt herausgefunden haben, dann geht die

Arbeit erst richtig los. Denn dann müssen Sie sich zurückar-
beiten bis zu jenem Punkt, wo Sie sich zuletzt nicht einsam
gefühlt haben. Diesen Zeitraum müssen Sie nun möglichst
lückenlos aufrollen. War es eine langsame Entwicklung, oder
haben Sie im nachhinein das Gefühl, das ganze sei wie ein
krasser Szenenwechsel von heute auf morgen passiert? Wurde
Ihre Einsamkeit kontinuierlich immer größer, oder gab es
zwischendurch Phasen, wo Sie dachten, der Spuk sei für
immer vorüber?

Wundern Sie sich über meine vielen Fragen?

Ich erkläre Ihnen gleich, was es mit diesem Spiel auf sich
hat. Es geht mir darum, herauszufinden, wann Ihr Saturn in
Aktion getreten ist, und das funktioniert nur, wenn Sie genau
arbeiten, das heißt, die Zeitpunkte rückschauend ziemlich
genau festlegen. Saturnübergänge bringen im Leben jedes
Menschen ausnahmslos Isolationsgefühle mit sich, und wenn
der Kerl es sich auch noch genüßlich jahrelang in Ihrem
Schicksalsablauf gemütlich gemacht hat, dann kann der
Zustand für Sie recht ungemütlich werden.

Wer ist denn eigentlich dieser ekelhafte Saturn? Ja, genau,
ein Planet. Aber bitte, stellen Sie sich keinesfalls vor, daß da
oben an unserem Himmel dieses Ding dräuend über uns hängt
und Unheil bringt, sondern das ganze Gerede vom »Saturn-
übergang« hat nichts anderes zu bedeuten, als daß in Ihrem
Leben eine Zeit angebrochen war oder ist, in der das Prinzip
des Saturn wirksam wird, und zwar genau so, wie Sie es
benötigen.

Das Prinzip ist: Blockade und Hemmung.

Das heißt: Je mehr Sie sich widersetzen, desto spürbarer
wird Ihre Saturnkonstellation, die von Ihnen ja nichts anderes
will, als begriffen und umgesetzt werden.

In Thorwald Dethlefsens großartigem Buch *Schicksal als
Chance*(!!) empfiehlt dieser in dem Kapitel über die Erfül-

lung des Schicksals einige, auf den ersten, ungeübten Blick etwas eigenartige Aktionen, die beim Auftreten der Saturnphase allemal hilfreich sein können.

Ich zitiere: »Sie sollten in der nächsten Zeit alle expansiven Bemühungen einstellen, alle Gesellschaften und Parties meiden, sowie alles, was mit Zerstreuung, Unterhaltung und Üppigkeit zu tun hat. Tragen Sie schwarze Kleidung, und richten Sie sich einen kargen, schwarz gestrichenen Raum ein, in den Sie sich allein zurückziehen können.«

Klingt wie Begräbnis, nicht?

Herr Dethlefsen hat, so eigenartig das auch klingen mag, mit seiner Empfehlung ins Saturn-Schwarze getroffen. Denn, würde man alle diese Ratschläge tatsächlich freiwillig befolgen, dann bräuchte das Prinzip des Saturn erst gar nicht wirksam zu werden, da man es ja schon gelebt, d. h. begriffen hätte.

Es gibt Menschen, und dazu gehöre ich auch (und ich habe nicht leider gesagt), die haben den Saturn wie einen Geier ihr ganzes Leben lang über ihrer Geburtssonne schweben; das heißt, ich könnte mich eigentlich von Beginn meines glorreichen Erdenlebens an, in schwarze Fetzen gehüllt, in einem dunklen Erdloch mit einem Glas Zinnkrauttee in der Hand und einem Skelett als Wanddekoration, unter Absingen sämtlicher Balladen des westlichen und östlichen Kulturkreises auf einem harten Stühlchen, zurückgezogen haben.

Soll ich Ihnen was sagen?

Hier sitze ich, auf einem harten Knie-Stühlchen, in einem dunkelbraunen Hausmantel, neben mir ein Glas Schwarz-Tee, umtönt von leiser Bach-Musik, vor einem riesigen nachtschwarzen Fenster, mutterseelenallein (ich würde jeden prügeln, der sich in meine Nähe wagen würde) vor einer skelettartigen, uralten Adler-Schreibmaschine, Typ »Fingernageltod«. Ich tippe mein handschriftliches Manuskript in eine für den Lektor leserliche Form. Und soll ich Ihnen noch was sagen? Seitdem ich das tue, geht's mir sehr gut. Auf gut deutsch: ich lebe momentan meine Bestimmung, und das mit Freude und Begeisterung.

Aber ich habe 40 Jahre gebraucht, um dahinterzukommen, weil da niemand war, der gesagt hätte: »Du, da ist noch was in deinem Schicksalsablauf, was recht interessant ist...« Und dann hätte eigentlich die Geschichte mit den schwarzen Zimmern und Kleidern und Fingernägeln kommen müssen, aber es kam eben immer nur das Gerede vom Hemmnis und vom Unheil, aber keine Empfehlung, wie das wohl in Anbetracht meiner Veranlagungen und Talente optimal zu handhaben gewesen wäre.

Aber auch das ist wohl Schicksal, denn ich hätte mich ja hundertmal schon in frühen Jahren mit Astrologie auseinandersetzen können, oder zumindest die Bedeutung der Planeten hinterfragen und ihre Zusammenhänge mit meinem Astrogramm ergründen. Aber nein! Leiden war angesagt. Und das würde ich Ihnen eigentlich gerne ersparen, wenn Sie einverstanden sind.

Also bitte, wenn Sie über die Entwicklung Ihrer Einsamkeit genug nachgedacht und in Feinstarbeit die Zeiten rekonstruiert haben, dann gehen Sie bitte zu einem guten Astrologen, und klären Sie mit ihm gemeinsam, was denn Ihre Bestimmung, Ihre Aufgabe ist, und warum die Einsamkeitsphase so unnatürlich lange anhält. Es könnte nämlich sein, daß Sie sich an einer bestimmten Aufgabe Ihr ganzes bisheriges Leben vorbeigeschlichen haben und Sie nun endlich in die entscheidende Richtung gebracht werden sollen; das heißt, man will Ihnen helfen, Ihre selbstgewählte Absicht zu verwirklichen. Also bitte, grämen Sie sich nicht länger über Ihr Schicksal, sondern tun Sie bitte was dafür.

Nun könnte es aber auch sein, daß Sie gegen Astrologie und

ihre Vertreter eine unüberwindliche Abneigung hegen, was ich verstehen könnte, denn nicht in jeder Stadt amtiert ein Thorwald Dethlefsen oder ein Peter Orban. Dann müssen Sie nun die ganze Arbeit selber leisten, ganz allein hinter das Geheimnis kommen und ganz selbständig Ihre Absicht herausarbeiten. Und das geht folgendermaßen:

Gehen Sie mit Ihren Erinnerungen zurück bis in Ihre Kindheit, und zwar bis an den Punkt, wo sich Ihre ersten klaren Bilder im Bezug auf Gemeinschaft formieren, also Spielen mit Nachbarskindern, Umgang mit Geschwistern und Eltern, Kommunikation im Kindergarten, usw. Haben Sie sich schwer an sogenannte Fremde angeschlossen, hatten sie bald einen Freund oder eine Freundin, suchte man Sie als Spielgefährten, oder standen Sie eher im Abseits? Erinnern Sie sich an ein Erfolgserlebnis aus dieser Zeit, oder gegenteilig, was haben Sie als bittere Niederlage oder Enttäuschung empfunden?

Wenn Sie anfangen werden, diese Abläufe nachzuvollziehen, dann werden Sie feststellen, daß alles, was Sie heute erleben, sich schon einmal abgespielt hat, nämlich damals. Versuchen Sie sich die Lehrer der ersten Schuljahre ins Gedächtnis zu rufen, welche haben Sie geliebt, welche nicht? Welche Fächer haben Sie leicht begriffen, wo waren Sie »begriffsstutzig«? Wann hatten Sie Ihren ersten wirklich einschneidenden Verlust, Trennungsverlust meine ich? Wo und wann mußte man Sie zu etwas zwingen, wann erfuhren Sie Ihrer Meinung nach zum ersten Mal Gewalt, Heldentum, Todesangst, Freude bis zum zerspringen, Schadenfreude? Wann taten Sie zum ersten Mal bewußt etwas Verbotenes und warum, liefen Sie mit, oder waren Sie der Anführer oder agierten Sie im Alleingang?

Schreiben Sie die Bilder auf. Das, was hier als Imaginationen auftaucht, sind Schlüsselerlebnisse, die von Ihnen als so wichtig eingestuft wurden, daß Ihr Bewußtsein sie bis heute in dieser Klarheit gespeichert hat. Wenn Sie diese Speicherungen einigermaßen plastisch vor Ihrem geistigen Auge haben, dann versuchen Sie sich bitte über Ihre Gefühle und Planungen in den vorher abgeforderten Erinnerungssituationen klar zu werden. Wie haben Sie versucht, Ihre Belange und Forderungen durchzudrücken? Hatten Sie, bevor Sie an eine Sache herangingen, klare Vorstellungen, wie das Endergebnis zu sein hatte, oder lebten Sie nach dem Motto: Mal sehen, was draus wird?

Was war Ihr allererster Berufswunsch? Ich meine jetzt nicht, ob Sie als 5jähriges Kind mal gesagt haben, daß Sie Straßenbahnschaffner werden wollen, sondern den Moment, wo Sie wirklich das Gefühl hatten, diese oder jene Betätigung könnte eine wirkliche Befriedigung sein.

Eigentlich müßten Sie mit der vergangenen Seite einige Tage zubringen, die Geschichten aufschreiben, sortieren, klären. Stoppen Sie Ihre Erinnerungsbilder bei dem Zeitpunkt, wo Sie meinen, daß Sie nicht mehr als Jugendlicher zu bezeichnen waren.

Und nun nehmen Sie alle Geschichten, und verteilen Sie sie auf zwei Blätter, nach dem Motto, die angenehmen auf Seite A, die unangenehmen auf Seite B. So bilden sich zwei Rubriken, die Ihnen sehr klar, und wahrscheinlich auch ein wenig schmerzhaft vermitteln werden, wo Ihre Absichten

    a) sich verwirklicht haben,
    b) sich nicht verwirklicht haben,
    c) unterdrückt wurden,
    d) gefördert wurden,
    e) Ärgernis erregten,
    f) unfähig waren, sich überhaupt zu äußern.

Bei all diesen Befragungen geht es um nichts anderes, als um die Feststellung Ihrer Selbstverwirklichungsfähigkeit. Wie weit waren Sie schon damals in der Lage, Ihre aus dem Jenseits, mitgebrachten Vorstellungen (= Absichten) auf Ihr inkarniertes Ich zu übertragen, wobei dahingestellt sei, ob diese Absichten nun gut oder böse, Ihrer Umgebung gefällig oder nicht entsprechend waren. Es geht mir hier nicht um Qualitätsurteile, sondern nur um Ihre Umsetzungsenergie.

Wenn Sie nun das Blatt mit Ihren *Negativ-Erlebnissen* in die Hand nehmen, dann machen Sie sich doch bitte noch zusätzlich die Mühe diese Erinnerungsbilder, beginnend bei dem ersten und fortfahrend bis zum letzten auf einen Zeitplan zu übertragen. Es sollte mich nicht wundern, wenn Sie dabei etwas feststellen, das sich nicht nur in meinem eigenen, sondern in vielen anderen Zeitplänen in gleicher Weise präsentiert hat: Die Erlebnisse erfolgen nicht in gleichmäßiger Reihenfolge, sondern sammeln und gruppieren sich um bestimmte Zeitpunkte.

Nun nehmen Sie Ihr Blatt mit den *Positiv-Erlebnissen* und verfahren Sie damit ebenso, wie oben beschrieben.

Zeichnen Sie nun auf einem großen Blatt eine Linie, setzen Sie an den Anfang das Jahr Ihrer Geburt und ans Ende, nun sagen wir mal, Ihr 21. Lebensjahr, und teilen Sie den Zwischenraum in 20 Abschnitte auf (N = negativ, P = positiv).

Nun nehmen Sie die allerwichtigsten N- und P-Erlebnisse, und tragen Sie dieselben auf der Linie entweder mit einem Punkt oder einem X den Zeiträumen genau entsprechend ein. Verbinden Sie nun N- und P-Erlebnisse mit jeweils einer Wellenlinie.

Das, was Sie nun vor sich sehen, ist Ihr selbstgewählter Schicksals-Rhythmus-Plan.

Wären wir in der Schule, käme das ungefähr dem Plan gleich, der Aufnahmeprüfungen, Extemporalen, Zwischenprüfungen und Abschluß-Examen ankündigt, aber auch Ausflüge, Wandertage, Faschingsveranstaltungen und Tanzabende. Dazwischen liegen lange Zeiten, wo zwar auch nicht die unbedingte Grabesstille herrscht, wo aber keinesfalls die gleiche Spannung in der Luft liegt wie vor oder bei oben genannten Vorkommnissen. (Da haben wir sie wieder, die Vorzeichen; diesmal hießen sie »Spannung«!)

Aber zurück zu unserem Schicksalsplan:

Diese Wellenlinien, die sich bis zum 21. Lebensjahr ergeben haben, setzen sich nun in genau derselben Rhythmik ad infinitum fort, das heißt, Sie können nun die Linie bis zu Ihrem 104. Lebensjahr in derselben Weise weiterführen.

Wenn Sie die Schnittpunkte zwischen den Wellenlinien und der Waagrechten betrachten, die sich nach der Fortführung ergeben haben, dann können Sie das Spiel nun umgekehrt betreiben: Überlegen Sie, was sich zu dem ungefähren Zeitpunkt damals ereignet hat, und sie werden zugeben müssen, daß der Plan genau stimmt.

Die »Löcher«, oder besser, die Pausen zwischen den N-Vorkommnissen sind zur Erholung, zur Verarbeitung und zur Neu-Strukturierung gedacht.

Es ist durchaus normal, daß sich vor, während und auch noch einige Zeit nach den sogenannten N-Phasen Einsamkeitsgefühle einstellen, die ja, wie wir bereits gelernt haben, das In-sich-Zurückziehen begünstigen, die Lern- und Aufnahmefähigkeit erhöhen. Es ist jedoch nicht normal, wenn Sie diese Gefühle in Ihre Neu-Strukturierungs-Phase hinüberzüchten, was umso leichter passieren kann, je länger oder einschneidender eine N-Phase sich präsentiert hat.

Der Mensch ist ein Gewohnheitstier, und wenn er eine Zeitlang »geeinzelt« hat, muß er sich wirklich bewußt machen, daß dieses Verhalten nun nicht mehr angebracht ist. Denn dann entsteht ein Menschentyp, den es als Archetypus-

58

Konstruktion eigentlich gar nicht gibt: den Dauer-Trauernden, auch der Einsame vom Dienst genannt.

Es ist mir fast peinlich, es auszusprechen, aber da es nun mal leider wahr ist, muß es gesagt werden: Jeder, der über einen längeren Zeitraum als 7 Jahre (und das ist der längste Zeitraum, den ein Saturn in einem Geburtszeichen nach vorne und zurücklaufen kann) einsam ist und sich dabei unglücklich fühlt, ist ein Psycho-Hypochonder, der sich innerlich gegen das Annehmen des Ergebnisses einer Lernphase sträubt. Erinnern Sie sich bitte an die Traviata, die Stunden nach der Aufführung noch immer hüstelte.

An dieser Stelle dürfen sich nun auch alle diejenigen wieder einklinken, die durch Witwerschaft in die Einsamkeit gerieten, aber auch alle, denen dieses durch Krankheit oder Unfall ohne bleibende große Behinderung widerfuhr.

Weiterhin noch immer nicht ganz direkt angesprochen sind die wirklichen Sorgenkinder des Einsamkeits-Themas: unsere Alten und Schwer- und Schwerstbehinderten, die von unserer Gesellschaftsstruktur in die Einsamkeit getrieben und dadurch eigentlich unfähig gemacht werden, sich zu wehren.

Alle anderen sind durchaus fähig, sich aus eigener Kraft von der Ein-samkeit wieder in die Gemein-samkeit zu begeben. Voraussetzung: Sie müssen es wirklich wollen.

Zweiter Teil
Das 7-Punkte-Programm

Dieses Programm kann nur funktionieren und umgesetzt werden, wenn wir uns darüber im klaren sind, daß es erst in Angriff genommen werden kann und darf, wenn die schicksalsmäßige Einsamkeitsphase überstanden ist. Es hat nämlich, wie wir alle wissen zum Beispiel auch keinen tieferen Sinn, wenn man mit jemandem Gehübungen machen will, der sich erst gestern den Fuß gebrochen hat, denn während der gesamten Zeit, in der noch der Heilungsprozeß stattfindet, wird Ruhe benötigt.

Genauso ist es mit der Seele, wobei der Vergleich insofern hinkt, als eine Einsamkeitsphase kein Beinbruch ist, sondern eine Gnade, aber wiederum ein Beinbruch eine Einsamkeitsphase rein äußerlich gesehen durchaus erzwingen kann.

Wird eine solche Zeit durch eine Krankheit oder einen Unfall eingeleitet, so ergibt sich in den meisten Fällen ganz von selbst, daß man sich nun ein bißchen mehr mit seinem »Selbst« beschäftigt, als es vorher der Fall war. Wer in einer Position ist, von der er glaubt, daß sie niemand anderer als er selbst einnehmen kann, der wird nun erkennen, daß, wenn es »nicht anders geht«, für alles und jedes ein Ersatz gefunden werden kann. Überflüssiges wird nirgendwo besser erkannt, als in der Kargheit eines Krankenhauszimmers.

Ich weiß nicht, ob es Ihnen auch so geht, aber jedes Mal, wenn ich nach einem Krankenhausaufenthalt nach Hause zurückkomme, kommt mir meine Wohnung ungemein überladen vor. Dieser Eindruck legt sich zwar nach kürzester Zeit wieder, weil, wie ich bereits sagte, der Mensch, also auch ich, ein Gewohnheitstier ist. Und trotzdem ist es mit dem Wohnungseinrichten so ähnlich wie mit dem Durst. Wenn der Körper nach Flüssigkeit begehrt, dann meint er immer vor allem anderen: Wasser. Erst unser Erfindungsreichtum und unser Luxusbedürfnis hat gemeint, dieses Begehren mit Tee, Kaffee, Wein und dergleichen befriedigen zu müssen.

Ich kenne in meinem Bekanntenkreis mindestens 12 Haushalte, in denen man einfach kein Wasser bekommen kann, nach dem Motto: Ach, jetzt habe ich wieder vergessen, die Kiste Mineralwasser zu bestellen. Daß man Wasser einfach auch aus dem Wasserhahn beziehen kann, ist fast schon in Vergessenheit geraten. Beugt man sich dann über den Kran, heißt es: Du wirst doch nicht dieses verschmutzte Trinkwasser in dich hineinschütten!?! Verschmutzt oder nicht verschmutzt: Noch nie ist mir von Trinkwasser schlecht geworden, jedoch schon mehrmals im Leben von allen anderen Getränken, Fruchtsäfte inbegriffen.

Was die Wohnungseinrichtung angeht, so verhält es sich damit ganz ähnlich. Wenn wir einmal miteinander ganz ehrlich sind, dann braucht der Mensch nicht mehr als ein Bett, einen Tisch, einen Stuhl, einen Schrank, ein Regal, eine Feuerstelle, eine Wasserstelle und ein Klo – aus.

Ich will jetzt erst gar nicht mit den Inhalten von Kleider- und Badezimmerschränken anfangen, aber erinnern Sie sich bitte, welcher Aufschrei des Entsetzens durch die Kosmetikindustrie ging, als unser geschätztes Fernsehen eines Abends zu beweisen versuchte, daß alle die als so hilfreich und kostbar angepriesenen Cremes, Lotionen, Wässerchen, Deodorants und sonstigen Elixierchen im Grunde nichts als die reinste Augenwischerei und Beutelschneiderei sind. Eine Woche lang stagnierte der Verkauf, wie ich mir habe erzählen lassen, dann wurde wieder munter hingeblättert.

Es erfordert wirklich ein großes Quantum an Ehrlichkeit, um zugeben zu können, daß unser ungeheures Bedürfnis, uns mit immer noch mehr Erzeugnissen unserer florierenden Industrie und Wirtschaft zu umgeben, aus nichts anderem resultiert, als aus unserer inneren Einsamkeit und Oberflächlichkeit. Davon allein lebt zum Beispiel unsere Werbung. Nichts ist so unnütz oder blödsinnig, als daß es, geschickt genug präsentiert, nicht an den Mann oder die Frau gebracht werden kann, und damit sind durchaus auch zahllose Artikel aus der esoterischen Kommerz-Ecke gemeint.

Punkt 1

Einsamkeit kommt von innen und muß von dort aus wieder aufgelöst werden.

Wie ein dürstender Körper »Wasser« meint, so meint eine sich einsam fühlende Seele »Trost«. Das ist das primäre Bedürfnis, und da zumeist im Bedarfsfall kein »Tröster« zur Stelle ist, so versucht man sich selbst zu trösten, was die absonderlichsten Formen annehmen kann. Das beginnt mit der Tafel Schokolade, der Anschaffung einer Strickmaschine, dem Erwerb von Kleidungsstücken, dem Besuch von Verschönerungsinstituten und führt über das Buchen von Südsee-Urlauben und Hobby-Kursen bis hin zu Wohnungswechseln und Auswanderungen. Natürlich habe ich hier banalisiert und übertrieben, doch nicht ohne Absicht und auch nicht ohne Augenzwinkern in die eigene Richtung.

Aus diesem Boden mit Namen »Trostbedürfnis« sprießen dann Defekte wie Kaufrausch, Freßsucht, Bulimie, Ladendiebstahl, Drogen- und Trunksucht und Promiskuität. Dies sind nur einige Beispiele aus einer endlosen Liste, und es wird wiederum Ehrlichkeit erfordern zuzugeben, daß wir alle ausnahmslos mit einem oder mehreren der Begriffe in kaum erkennbarer oder übersteigerter Form schon einmal zu tun hatten oder im Moment damit belastet sind.

Sollten Sie erkennen, daß auch nur eines dieser Phänomene seit längerer Zeit von Ihnen Besitz ergriffen hat, dann gilt für Sie wiederum: sofort in ärztliche Behandlung.

Für alle anderen gilt es zu erkennen, wann und warum sie anfingen zu glauben, sie seien nicht mehr geliebt, was in der umgekehrten Übersetzung heißt: wann fingen Sie an, ihre Umwelt nicht mehr zu akzeptieren, ihre Mitmenschen zu bezweifeln, Ihr Vertrauen, Ihre Nächstenliebe zu verlieren?

So wie mit »Wasser« das Durstlöschen gemeint ist, so meint ein Trostsuchender nichts anderes als Streicheleinheiten, sprich Liebe.

Das Gefährliche an Trostsuchenden ist, daß man sie zu 80 Prozent nicht auf den ersten Blick erkennt. Oft sind es nach außen hin fröhlich wirkende, in scheinbar perfekter Gemeinschaft und Umgebung lebende Menschen, denen es, wie man zuerst glaubt, an nichts fehlt. Nur dem geübten Beobachter werden die viel zu vielen, hastig gerauchten Zigaretten, die überall bereitstehenden Pralinenschachteln, die sich in allen Ecken unzählig häufenden Frauenzeitschriften und die allgegenwärtigen »Trostgegenstände« wie Püppchen, Tierfigürchen, Schächtelchen und Döschen, Porzellantäßchen und Silberschälchen die Wahrheit erzählen.

Bei Männern ist es dann, so finanziell möglich, der Superschlitten, technische Spielereien aber auch, wie bei Frauen, der »Imagewechsel«. Sind die bisher latent aufgetretenen Einsamkeitsgefühle konsequent überspielt worden, so werden sie vor allem in der Zeit des sogenannten »Midlife« übermächtig. Wenn man dann glaubt, die Wurzel des Übels mit Hilfe der nächsten Boutique, des Haar-Transplantations-Instituts, oder vielleicht auch des Frischzellensanatoriums ziehen zu können, ist die Super-Depression nicht mehr fern.

Ich kenne mindestens 15 Männer mit Glatze, 22 Frauen mit Hängebäuchen (von anderen, mit ebensolchen Mängeln kämpfenden Körperteilen gar nicht zu reden) und mit Zahlen nicht zu benennende Angehörige beider Geschlechter in Uralt-Fetzen, die in absoluter Zufriedenheit leben. Es können also die beginnenden Anzeichen des Körperverfalls kaum die Auslöser dieser Einsamkeitsempfindungen sein. Aber wer will sich das schon eingestehen?

Wahrheit ist, daß alle Menschen, die in einer Fixierung leben, besonders gefährdet sind. Dabei ist es egal ob sie sich auf einen Menschen, auf ein Tier, auf eine Umgebung, oder ein Programm konzentriert haben. Verschwindet nun der Fixierungspunkt, bricht das ganze Lebensritual zusammen, da das Vakuum durch keine anderen Programmpunkte aufgefangen und gefüllt werden kann.

Vereinsamung ist eine Form von Verarmung, und da in unserem Lande Armut als Makel angesehen wird, versuchen die Betroffenen, ihren Mangel lange und so gut wie möglich zu verheimlichen.

Denn die Erfahrung lehrt, daß ein offensichtlich Einsamer gescheut wird wie ein von Lepra Befallener. Und das kann ich niemandem übel nehmen, denn begriffene Einsamkeitsgefühle erzeugen in den Körperzellen ganz spezifische Schwingungen, die sogar von nicht besonders sensitiv veranlagten Menschen als unangenehm empfunden werden.

Wann haben Sie zuletzt eine einsame Rentnerin, eine trauernde Witwe, einen verlassenen Ehemann besucht? Hand aufs Herz – was taten Sie, als Sie wieder vor der Türe standen? Ja, genau wie ich – Sie haben ein paarmal tief durchgeatmet. Diese Schwingungen übertragen sich tatsächlich, und was noch schlimmer ist, sie entziehen dem Solarplexus des Anteilnehmenden Mentalkörper-Energien.

Was nun kommt, wird Ihnen vielleicht sauer aufstoßen,

aber das riskiere ich, denn es ist besser, gewisse Vorgänge zu begreifen, als sich ständig über sogenanntes »Unerklärliches« zu wundern: Jeder ewig Trostsuchende, das heißt, jeder »Berufs-Einsame«, der sich ohne den wirklichen Willen und das aufrichtige Bestreben um Besserung immer und immer wieder trösten läßt, ist nichts anderes, als eine äußerlich etwas entschärfte Ausgabe eines Vampirs. Diese Form von Energieabzapfen bei anderen Menschen ist eine Zumutung, wenn nicht gar eine fahrlässige Körperverletzung.

Die Worte Mit-Gefühl, An-Teil-nahme und Mit-Leid sind beredte Zeugen für den, der Augen hat zu sehen und Ohren zu hören. Sie bekunden klar und deutlich, daß da einer etwas für Zwei erledigen muß. Wie jede Art von Hilfe, so sollte auch diese nur bei wirklicher Bedürftigkeit in Anspruch genommen werden. Deswegen muß jeder, der unter Einsamkeit leidet sich bei allem Schmerz über seine Eigenverantwortung und auch seiner Verantwortung den anderen gegenüber klar werden. Zeiten der Einsamkeit geschehen im Leben eines jeden Menschen, es sind schicksalsmäßige Zeiten, und wie in alles, was sich innerhalb unseres Schicksalsprogramms abspielt, so haben wir auch in diesen Zeiten vor unserer Inkarnation eingewilligt, damals wohl wissend, daß sie unserer Reifung, unserem höheren Erkennen dienen.

In diesen Zeiten der schicksalsmäßigen Einsamkeit ist es vor allem unsere Aufgabe zu erkennen, was der Sinn dieser schmerzhaften Phase ist. Niemand kann und wird es Ihnen verdenken, wenn Sie sich in dieser Zeit vertrauenswürdigen Menschen mitteilen und ihren Rat, ihre Hilfe und ihren Beistand suchen.

Doch nehmen Sie diese Hilfe mit Bedacht in Anspruch. Denn die Lösung der Einsamkeit kann nur durch *Sie selbst,* aus Ihrem Inneren heraus, geschehen. Daß am Anfang dieser mitunter sehr lange anmutenden Periode oft das Hadern steht, ist nur allzu menschlich. Doch genau dieses Hadern, dieses Anklagen ist es, das überwunden und umgewandelt werden muß in ein Verstehen, und auch in ein Sich-Ergeben. Dieses Sich-Ergeben hat nichts zu tun mit dem Sich-Gehen-Lassen, das man bei so vielen Einsamen beobachten kann.

Nie werde ich den Abend vergessen, an dem ich, nach einem umjubelten Konzert eines weltberühmten Dirigenten in dessen Garderobe sitzen durfte, inmitten seiner Bewunderer und Anbeter. Er sprach mit allen in gütigster, liebe- und humorvollster Art und Weise. Alle freuten sich an und mit ihm und verließen den Raum mit dem Gefühl, ein Quentchen seiner Kraft und seines Charismas mitgenommen zu haben.

Zuletzt blieb nur mehr ein kleiner Kreis der engeren Freunde, unter die ich mehr durch Zufall geraten war. Er hob sein Glas, prostete der Runde zu, und während er trank, blieb sein Blick an einer pinkfarbenen Haarsträhne hängen, die ich mir an diesem Abend ins Haar gemalt hatte. Er beugte sich vor, mit seinem zerfurchten, wunderbaren Gesicht und blinzelte mich freundlich an: »Na du, mit deinem Punk-Schöpfchen...« Und wie seine Augen so nahe vor mir waren, da sah ich, daß etwas in ihnen war, das ich vorher nicht bemerkt hatte, etwas Stilles, Erlittenes. Und es trieb mich, ihm etwas Liebes zu sagen, etwas, woran er Freude haben könnte. Ich weiß nicht mehr, was ich daherstotterte, aber er beugte sich noch näher zu mir und sagte: »Weißt du, das einzige, was mich jeden Tag dazu bringt weiterzuleben, ist die Hoffnung auf mein Enkelkind.« Dann drehte er sich wieder zu den anderen und war wieder der Protagonist, der strahlende Sieger, das Bild des Großen Maestro, das alle zu sehen wünschten. In diesem Moment habe ich mehr über Disziplin und Einsamkeitsverarbeitung erfahren als in 20 Jahren vorher.

Wie dumm und oberflächlich zu glauben, daß ein beifalltosendes Publikum, eine jubelnde Menge, ein exzellentes Konzert unter seiner Stabführung die Bezwinger dieser Einsamkeit sein könnten. Für kurze Zeit können sie Tröster sein, auch Mahner an eine große Aufgabe. Die innere Bewältigung dieses Fühlens blieb trotzdem seine eigenste, intimste Angelegenheit. Ich habe nicht zu fragen gewagt, wie oft seine Einsamkeit Mit-Kompositeur seiner wunderbaren Werke, wie oft sie Co-Dirigent seiner phantastischen Konzerte war. Eines war klar: er hatte geschafft, was die edelste Form der Verarbeitung schicksalhafter, langanhaltender Einsamkeit sein sollte – sie umzusetzen in eine Form, die anderen Menschen in ihrer eigenen Einsamkeit Trost spenden könnte – ohne Larmoyanz, ohne ständiges Heischen um Anteilnahme, ohne zur Schau getragenes Leid. Was für ein großer Mann! Und was für ein Vorbild für uns alle.

Sprichwörter sind mir schon immer auf die Nerven gegangen, genauso wie Menschen, die immer recht haben, tatsächlich recht haben. Eines dieser klugen Sprüchlein heißt: »Was mich nicht umbringt, macht mich stärker.« Dieser Satz stimmt wie keiner sonst, im Gegensatz zu dem wirklich dümmlichen »Keiner bekommt mehr, als er tragen kann«.

Manchmal überschätzen wir unsere Kräfte, unsere Fähigkeiten, wenn wir im Jenseits in einen Schicksalsplan einwilligen, und brechen dann hier, in der Realität unter der Last des wirklichen Lebens zusammen.

Das ist der Moment, wo wir am meisten kämpfen, vertrauen und widerstehen müssen. Kämpfen um unser Recht auf ein erfülltes Leben, ein bewältigtes Schicksal, vertrauen auf den Sinn und auch auf die Hilfe und gütige Planung einer Macht, die mehr weiß, als wir Menschlein (Schäflein Gottes, pflegte meine Erzieherin zu sagen), und widerstehen der Feigheit und der Angst, die uns kleiner und schwächer macht, als wir sind.

Ich weiß nicht, wie ich Sie überzeugen kann, daß Gebet eine ungeheuerliche Quelle der Kraft ist, die unser psychisches und damit auch unser physisches Immunsystem wie sonst kein Medikament stabilisieren kann. Wiederum meine ich nicht das Herunterplappern von »Gegrüßet-seist-du-Maria« und »Vater-Unser« in der bekannt unwirksamen Form, sondern ich meine das *begriffene Gebet*, das heißt die bewußte Kontaktaufnahme mit der höheren Macht, die wir göttliche Energie nennen.

Ich denke nicht daran, mich zu wiederholen, denn ich habe alles, was dieses Thema angeht, in meinem Buch *Zeugnisse von Schutzgeistern* niedergeschrieben, wie es meine Pflicht war. Trotzdem möchte ich hinzufügen, daß unsere unsichtbaren Lebensbegleiter ihre eigentliche Aufgabe darin sehen, eben diese göttliche Energie in eine für uns verwendbare Form zu transformieren. Das heißt aber nicht, daß sie wie Transistoren zu verstehen sind, die, einmal eingeschaltet als selbstverständliche Verstärker zu funktionieren haben. Sie geben, abgesehen von einer grundsätzlichen Energie, genau so viel dynamische Kraft ab, wie wir selbst anfordern, und das gelingt nur in verschwindend wenigen Fällen mit Heulen und Zähneknirschen, nein, es gelingt nur in einer Form des inneren Sammelns und des Erzeugens einer inneren Ruhe, eben in Form von begriffenem Gebet.

Zu dieser Form des begriffenen Gebets gehört auch das Erbitten der Änderung eines Punktes im Schicksalsplan, der uns unüberwindlich erscheinen mag. Haben Sie gehört: *Eines* Punktes! Bitten Sie also nie um Änderung ihres ganzen Schicksals. Denn dies ist so unmöglich, wie der Versuch, einen Zug, der auf dem Schienenstrang von München nach Wien fährt, plötzlich nach Zürich umzudirigieren. Da ist es auch nur möglich, den Schaffner zu bitten, den zigarrerauchenden Menschen, der ihre Atemluft im Nichtraucherabteil verpestet, doch umzuquartieren. Deswegen muß aber nicht gleich der ganze Zug stehen bleiben oder in eine andere Richtung fahren. Denn *Sie* waren es ja, der nach Wien wollte, und das sollten Sie nie vergessen.

Dieses Ändern eines Schicksalspunktes gelingt nur, wenn die Bewältigung der Aufgabe wirklich Ihre Kräfte übersteigt und wenn Sie bereit sind, Alternativlösungen anzunehmen. Sie müssen diese nicht einmal konkretisieren. Es genügt, wenn Sie zunächst klar bekunden, daß Sie den bestehenden Zustand beim besten Willen auf diese Weise nicht fortführen können. Dieser Behauptung muß die Bemühung vorangegangen sein, aus dem besagten Zustand das Beste gemacht zu haben, und auch der Versuch, eben diesen Zustand aus eigener Kraft zu ändern. Erst dann darf diese Form der Notbremse gewählt werden.

Dieser Vorgang kommt einer Kapitulation gleich und ist für beide Seiten, nämlich für Sie selbst und ihre jenseitigen Gefährten gleichermaßen schwierig zu bewältigen, denn es muß jetzt unter den bestehenden Zeit-Qualitätsbedingungen adäquat programmiert werden.

Verstehen Sie also bitte richtig: Der Punkt wird nicht abgeschafft. Er wird nur in einer Form verändert, die Sie wahrscheinlich verkraften können.

Ich selbst habe einmal mehr als ein Jahr um die Entfernung eines bestimmten Menschen aus meiner Umgebung gefleht. Diesem Antrag wurde zu günstiger Zeit stattgegeben, aber sofort tauchte ein anderer Mensch auf, der die Anforderung in ganz ähnlicher Weise verkörperte, diese mir aber wesentlich liebevoller und gütiger vermittelte. Als das Programm begriffen war, verschwand auch dieser Wegbegleiter ohne wesentliche Anstrengung meinerseits aus meinem Gesichtskreis.

Genauso spielt es sich in Ihren Einsamkeitsphasen ab. Es wird Ihnen nichts geschenkt werden, nur die Inszenierung ist ein bißchen weniger schroff.

Wenn Sie Ihre »Reklamation« klargelegt haben, dann verzichten Sie bitte darauf, diese nun Tag und Nacht zu wiederholen. Verlassen Sie sich darauf; man hat Sie gehört!!

Dieses Vertrauen ist eine der wichtigsten Komponenten, die zum Gelingen der Neu-Struktur beitragen. Dazu gehört auch, daß Sie sich dazu zwingen müssen, Ihre Nächte nicht damit zu verbringen, sich im Bett hin und her zu drehen und Ihr Problem zu wälzen. Ihre Tiefschlafphase ist Ihre Aufladephase. Nehmen Sie sich diese Kraftquelle bitte nicht selbst weg.

Vielleicht werden Sie jetzt sagen: Die hat gut reden! Die hat ja keine Ahnung, was Schlaflosigkeit bedeuten kann!

Oh doch! Gerade weil ich mich mit Schlaflosigkeit und Schlaf-Rhythmus-Störungen fast umgebracht habe, deswegen wage ich dieses unverschämte Ansinnen. Das Praktizieren des »Dein Wille geschehe«, das wir so oft gedankenlos dahergesagt haben, ist wohl der härteste Aufgabenpunkt in unserem Leben. Aber auch der wichtigste. Deswegen hat Jesus ihn auch in seiner Weisheit als Bitte in das »Vater Unser« hineingepackt. Beten Sie es also mit aller zu Gebote stehenden Andacht und Wachheit, denn es könnte alles, worum Sie in diesem kosmischen Ruf bitten, als Prüfung an Sie herantreten.

Ich habe in meinen »Vater Unser«-Meditationen oft erlebt, daß vor meinem inneren Auge meinen persönlichen Weg betreffende Weisungsbilder entstanden, die nachweislich durch das Sprechen eines Bitt-Satzes dieses gewaltigen Gebetes ausgelöst wurden.

Dazu muß ich allerdings sagen, daß ich für das Sprechen des »Vater Unser« zumindest zwanzig Minuten brauche. Schneller kann ich es inzwischen nicht mehr. Ich glaube nämlich, daß ich dabei bin, es zu begreifen.

Sie sehen, hier wartet eine Chance darauf, genützt zu werden.

In den Phasen schicksalsmäßiger Einsamkeit, die Königen wie Bettlern widerfährt, hat es keinen Sinn, den Zeichen der Zeit mit Gewalt zuwiderzuhandeln. Das heißt, Sie würden sich in Ihr eigenes Hand-(Geist-)werk pfuschen, wenn Sie versuchen würden, mit allen Mitteln den Erfordernissen der Einsamkeitszeit entgegenzuwirken. Sie müssen ja nicht gleich alle Forderungen, die Thorwald Dethlefsen (sicher auch nicht mit tierischem Ernst) erhoben hat, auf einmal erfüllen. Aber Sie sollten zumindest die berühmten äußeren Anzeichen und Hinweise ganz besonders genau beachten.

Vielleicht wird Ihnen innerhalb dieses Lebensabschnittes ein Teil Ihres Freundeskreises unzuverlässig vorkommen, weil er sich scheinbar zurückgezogen hat. Begehen Sie bitte nicht den Fehler, die Qualität dieser Beziehungen danach zu beurteilen.

Vielleicht sind die anderen sogar viel sensibler als Sie selbst, nehmen die vorhergenannten Schwingungen als unerklärliche Veränderung wahr und ziehen sich aus diesem Grund zurück, um der eigentlichen Bestimmung dieser Zeit Raum zu lassen. Sie werden feststellen, daß die ersten Anzeichen einer erfolgreich beendeten Einsamkeitsphase ein sich wieder oder neu formierender Freundeskreis ist.

Diese Zeit dient ja einer Neu-Struktur, warum also nicht auch auf diesem Gebiet.

Die wichtigste Aufgabe bleibt dabei nach wie vor, keinen Augenblick das Bewußt-Sein zu verlieren, daß diese Zeit keinesfalls bis in alle Ewigkeit dauern wird, und daß, je mehr Sie sich mit Ihrem Selbst beschäftigen, der Erfolg nachher umso spürbarer sein wird.

Ein neugieriger Mensch ist niemals einsam.

Da ich eine kleine Tochter habe, verbringe ich so manche Zeit natürlich auf dem Spielplatz. Dabei habe ich beobachtet, daß eine Krankheit anscheinend immer mehr um sich greift, die es in dieser krassen Form in meiner Kindheit nicht gegeben hat: Das Nicht-mit-sich-selbst-beschäftigen-Können.

Zu meiner Kleinkind-Zeit spielte meine Schwester mit mir (sie war eine blendende, phantasievolle Geschichtenerzählerin, die den ganzen Bekanntenkreis unseres Opas in Tiergestalten verwandelte, wobei mir im Moment einfällt, daß eine der Hauptgestalten ein Krokodil namens Steiner war), ab und zu auch meine berufstätige Mutter, genauso wie meine über alles geliebte Großmutter. Und selbstverständlich hatte ich auch Spielkameraden in den Nachbarsfamilien, mit denen ich in den damals noch existierenden Luftschutzbunkern auf der Suche nach verborgenen Schätzen sehr oft sogar fündig wurde, Räuber und Gendarm spielte, Sandburgen baute und all das trieb, was einem kleinen Kind Freude macht.

Sehr oft aber sagte meine Oma, wenn ich wieder auf die Straße oder in den Garten wollte: »Nein, mein Kind, setz dich hin und spiel ein bißchen alleine.« Dann habe ich natürlich manchmal gejaunert und gejammert, daß ich nicht weiß, was ich denn tun soll, was ihr aber gar nichts ausgemacht hat. Sie gab mir ein Stück Packpapier oder Zeitung und eine Schere oder Buntstifte oder Kastanien mit geköpften Streichhölzern und manchmal auch Mohnblüten, deren Stempel man herauszupulen hatte und als Kopf auf den kleinen Rest des Stengels spießte, was eine Art Puppe ergab, und so kam ich zu meinem ersten Theater.

Sie brachte mir das Wichtigste bei, was man als Erzieher seinem Schützling beibringen sollte: mich kreativ mit mir selbst zu beschäftigen, meine Phantasie zu schulen, meine manuelle Geschicklichkeit zu fördern. Sie ließ mich wirklich spielen und setzte keinerlei Ehrgeiz daran, mir vor der Schulzeit Lesen, Schreiben oder Rechnen beizubringen, sondern sie förderte in vorbildlichster Weise die Kombinationsfähigkeit meines kindlichen Hirns und verstand es wunderbar, mich unruhige Person bei einer Sache zu halten, bis sie beendet war.

Damals lernte ich, mit mir selbst zufrieden zu sein und Freude an einer allein ausgeführten Beschäftigung zu finden. Und ich behaupte heute, daß unsere neuen Erziehungsmethoden, aber auch die Spielzeugindustrie die Killer der Kindheit unserer Töchter und Söhne sind. Der schlimmste Feind aber ist der Fernseher, und die ewig dahindudelnden Kassettenrecorder. Wie soll denn ein Menschenkind neugierig gemacht werden auf die Dinge, die es selbst schaffen kann, wenn ihm unentwegt alles als Fertiggericht vor die Nase gesetzt wird.

Wenn ich sehe, was ein Kind heute alles haben »muß«, wie gnadenlos überladen die Kinderzimmer sind und wie die Habgier und das Konkurrenzdenken unserer Kleinsten auf diesem Wege geschürt wird, könnte mir übel werden. Ununterbrochen muß ein »Unterhaltungsprogramm« geboten werden, die neueste »Barbie«-Puppe angeschafft und der letzte Pony-Kitsch mit kämmbaren Synthetiklocken präsentiert werden, weil »das die anderen auch haben« und damit das Kind sich nicht »benachteiligt« vorkommt und »zufrieden« ist. Was für ein Hohn!

Wie sollen denn diese Kinder mit den Anforderungen unserer kommenden, sicher nicht einfachen Zeiten fertig werden und vor allem, wie sollen sie denn ihre Einsamkeitsphasen bewältigen? Wohl kaum damit, daß sie den Fernseher bis ultimo laufen lassen, sich in den Discos die Ohren bis zum Platzen volldonnern und dann schließlich zu den Mitteln greifen, die Phantasie und Träume in verführerischer Form bieten – Drogen. Ich kann es ihnen nicht verdenken, denn sie haben nichts Besseres gelehrt bekommen.

Das Neugierig-Machen eines Menschen beginnt in der frühesten Kindheit und kann in einfachster Ausführung beglükken. Denken Sie nur daran, wieviel Freude ein Kleines am »Guck-Guck... Da-Da«-Spiel hat. Das ist der bescheidene Anfang, und die Reaktion darauf zeigt, daß Neugier ein angeborener Wesensteil des Menschen ist. Aber wie alles kann auch diese Gabe total verkümmern, wenn sie nicht angeregt und gefördert wird. Oder sie wird, siehe oben, in die falsche Richtung gedrängt und dirigiert sich dann irgendwann selbst ins »Aus«.

Wenn die kindliche Neugier richtig gepflegt wird, dann wandelt sie sich später in Wißbegier, Lernhunger, Informationsbedürfnis und gelangt unter der Anleitung berufener Lehrer zur Vollendung in Form von nie ersterbendem allgemeinen Interesse aber auch in Erkenntnisfähigkeit und Beurteilungsvermögen.

Ist Ihnen auch aufgefallen, daß es heute sehr viele Hobbys, aber nur sehr wenige Liebhabereien gibt? Frage ich meine jungen Bekannten danach, dann höre ich: Surfen, Tennisspielen, Skifahren und im besten Fall vielleicht noch Photographieren.

Wer hat denn heute noch Lust auf zum Beispiel Silberdrahtarbeiten, Schnitzen, Origami, Scherenschnitt, Zaubern, um nur ein paar der handwerklichen Hobbys zu nennen, und auf Laienspiel, Hausmusik, Dichten und Malen, um nur ein weniges aus dem Bereich des kulturellen Geisteswesens anzuführen? Eine verschwindende Minderheit, wie die Statistik zeigt.

Alle eben angeführten Dinge kosten kaum Geld und stellen ein ungeheures Erholungspotential für die menschliche Seele dar. Niemand, der auch nur eine dieser Liebhabereien wirklich pflegt, wird in einer Einsamkeitsphase haltlos werden.

Wer sich allerdings einbildet, daß ein Computer ein hilfreicher Kamerad in einer Einsamkeitsphase ist, der hat sich gebrannt. Ganz abgesehen davon, daß die Strahlungen, die vom Bildschirm ausgehen, der menschlichen Zellstruktur, vorsichtig gesagt, nicht gerade zuträglich sind, werden Sie feststellen, daß der seelische Erholungswert gleich Null ist.

Vor vielen Jahren hatte ich einen Zahnarzt, der ein ganz eigenartiger, liebenswerter Kauz war. Er malte, segelte, liebte die Oper und sammelte seltene Aufnahmen berühmter Sänger. Von ihm bekam ich den Tip des Lebens, was die Schnellauflösung seelischer Spannungen und die Wiederherstellung des inneren Gleichgewichts anbelangte: Dirigieren. Das heißt jetzt nicht, daß Sie einen Kurs bei Herrn Abbado belegen sollen, sondern es geht darum, daß Sie einfach eine Schallplatte, die Sie lieben, auflegen, sich mitten ins Zimmer postieren und sich vorstellen, sie seien der Dirigent des Orchesters. Darf ich Ihnen Gershwin's »Rhapsody in Blue« empfehlen, oder die Ouvertüre von »Dichter und Bauer« von Franz von Suppé, aber auch »Music« von John Miles und – halten Sie sich fest – die Egerländer Musikanten. Langsam wird mir klar, warum die Volksmusik sich einer solch ungeheuren Beliebtheit erfreut: Sie bewirkt in Windeseile eine Beschleunigung der Schwingung Ihrer Körperzellen, was einer beginnenden Schwermutstimmung nachhaltig entgegenwirkt.

Ob Sie es wollen oder nicht (ich bin auch nicht unbedingt jemand, der für die Egerländer Musikanten meilenweit geht), nach spätestens 5 Minuten fangen Sie zu lachen an. Doch dies nur nebenbei. Denn nach wie vor geht es hier um die menschliche Neugier.

Sie ist es, die uns in der Dunkelheit einer Einsamkeitsphase ein hilfreicher Erleichterer unserer Situation sein kann. Denn sie kostet in ihrer Befriedigung nicht viel, und sie braucht auch nicht unbedingt Gesellschaft...

Wenn Sie jedoch Ihr ganzes Leben interesselos verbracht haben und nun plötzlich in einer Einsamkeitsphase krampfhaft nach irgendwelchen Ersatzbefriedigungen zu suchen anfangen, dann werden Ihre Bemühungen wohl kaum von Erfolg gekrönt sein.

Schicksalsmäßige Einsamkeit verlangt vor allem am Anfang der Phase Zurückgezogenheit und somit im Zusammenhang mit eben besprochener Thematik Erholungsmöglichkeiten, die zu Hause wahrgenommen werden können.

In den Zeiten meiner tiefsten Einsamkeit fing ich an, meine durch ständiges Interesse (Neugier!!) gewachsene Fertigkeit im Restaurieren von alten Papieren wie Landkarten, Stichen und Dokumenten zu vervollkommnen, und frönte meiner lebenslangen Leidenschaft für Etymologie, was die Wissenschaft von der Entstehung von Wörtern ist.

Ohne gute Lehrer jedoch wäre ich auf letzteres nie gekommen. Gleichzeitig habe ich aber auch eine Familie, in der jedes Mitglied seine Umgebung in die persönliche Erfahrungsbereicherung und den damit verbundenen Reifeprozeß einbezieht. Sieht einer von uns einen guten Film, wird die gesamte Mischpoche hineingescheucht, findet einer einen bemerkenswerten Artikel in einer Zeitung, so geht dieser fotokopiert bis ins feindliche Ausland, und auch Reiseeindrücke werden detailliert vermittelt. Ein: »Wie war's denn?« — »Ja, danke, ganz schön!« hat es bei uns noch nie gegeben, was daran liegt, daß alle maßlos neugierig sind, aber auch Freude daran haben, die Daheimgebliebenen zu informieren, was im weitesten Sinn mit Philanthropie zu tun hat, welche nichts anderes ist als das wirkliche Interesse an anderen Menschen.

Das Fazit dieser Familienstrategie ist folgendes: Depressionen unbekannt.

Wäre ich im direkten Umfeld des Clans geblieben, hätte ich mir wahrscheinlich viel erspart, aber – dann wäre dieses Buch auch nie geschrieben worden.

Sie sehen, wie unglaublich wichtig ein funktionierendes familiäres Umfeld in den ersten Jahren ist. Nun kann man von Ihnen allen natürlich nicht erwarten, daß Sie ausnahmslos aus einem funktionierenden familiären Umfeld kommen und daß man vom ersten Tag Ihres Erdendaseins sich um die Befriedigung Ihrer Neugier gekümmert hat.

Und eben darum ist es nun höchste Zeit, daß Sie daran gehen, dieses verschüttete Talent wieder hochzupäppeln. Ganz abgesehen davon, daß diese Neugier zum großen Teil aus Instinkt besteht, der die wunderbare Eigenschaft hat, in Momenten, wo die vielgepriesene Vernunft aussetzt, die Regie zielsicher zu übernehmen. So könnte diese Gabe Ihnen auch zur Wahl Ihres Ihnen schicksalsmäßig bestimmten Berufes verhelfen.

Es gab und gibt auf dieser Erde Tausende von Menschen, denen ihre Neugier zu ungeahnten Leistungen verholfen hat. Denken Sie nur an den Archäologen Henry Sielmann, oder glauben Sie, daß Edison, Röntgen, Madame Curie, und wie sie alle heißen, auf ihre Erfindungen stießen, weil sie mit dem, was geboten war, sich zufrieden gaben? Sie waren ausnahmslos neugierig, lenkten diese Neugier in kreative Bahnen, gaben ihr eine Grundlage, nämlich profundes Wissen, und so wird dieses Rezept bis ans Ende unserer Welt funktionieren und nicht anders.

Es müssen ja nicht immer gleich weltbewegende Dinge herauskommen, wenn Sie Ihrer Neugier und Ihrem Spieltrieb Raum lassen. Es geht nicht um Weltruhm, Profilierung und Wettbewerb, sondern einzig und allein um die Selbst-Stän-

80

digkeit und Unabhängigkeit Ihres Geistes. Wenn Sie diese Kunst erlernt haben, werden Sie auch in den härtesten und langwierigsten Einsamkeitsphasen nicht total verzweifeln und sich aufgeben.

In diesen Zeiten fällt automatisch fast alles weg, was mit Äußerlichkeiten zu tun hat. Und wenn Sie sich Ihr ganzes bisheriges Leben an Extrovertiertheiten aufgehängt haben und immer davon ausgegangen sind, daß Ihre Umwelt Sie gefälligst zu unterhalten habe, dann wird die Bewältigung dieser nach Introvertiertheit verlangenden Zeit Ihnen besonders schwerfallen. Es ist nie zu spät für Einsicht und Änderung. Der Mensch in-haliert und ex-haliert Luft in und aus seinen Lungen. Würde er das nicht tun, stürbe er innerhalb weniger Minuten.

Daß der Geist genauso nach An- und Entspannung verlangt, scheint weitgehend unbekannt. Ein Mensch der diesem Polaritätsbedürfnis seines Geistes sein Leben lang nicht nachgekommen ist, kann durchaus mit einem Geschöpf verglichen werden, das jahrelang in einer Eisernen Lunge gelebt hat und sich, an die frische Luft gesetzt, wundert, warum die Atmungsorgane nicht funktionieren.

Je expansionsfähiger und flexibler Ihr Geist ist, umso besser werden Sie sich in sogenannten Einsamkeits-Zeiten mit den veränderten Umständen anfreunden können. Denn das Wehren gegen die Anforderungen dieser Periode kostet Sie nur Kraft und Zeit, die Sie eigentlich für die Weiterführung Ihres Lebensplanes bräuchten. Verzeihen Sie, daß ich schon wieder mit meinen Schauspielern ankomme, aber dieses sich Sträuben hat genauso viel Sinn, als wenn Sie hinter der Szene sich weigern würden, Ihren fälligen Auftritt zu absolvieren.

Denken Sie bitte immer daran: Vorher geht das gesamte Stück nicht weiter! Solange Sie nicht in der Lage sind, den verlangten »Text« zu sprechen, stockt die ganze Aufführung.

Und noch eins merken Sie sich bitte· Im Spiel des Schicksals gibt es niemanden, der für Sie einspringen könnte.

Punkt 3
Der Veranstalter ist nicht schuld, wenn Sie das Programm nicht kennen.

Es erschüttert mich seit langen Jahren immer wieder zu sehen, wie blind die meisten Leute durchs Leben stolpern. Jeder Italien-Urlaub wird sorgfältiger geplant und durchdacht als der eigene Lebensablauf.

Vergegenwärtigen Sie sich nochmals, daß Sie Ihr Schicksal, also auch diese Etappe Ihres Lebens konstruktiv vorgeplant haben. Es kann also zu nichts führen, wenn Sie unentwegt versuchen, anderen die Schuld an Ihren nicht geglückten Aktionen zuzuschieben. Und so hilft es auch nichts, wenn Sie in Ihrer Einsamkeit die Ver-Ur-Sacher und Schuldigen dieses Zustandes in Ihrer Umgebung suchen.

Das wäre genauso unsinnig, wie den Stuhl, an dem Sie sich gestoßen haben, anzuschreien oder ihn zu treten.

Am meisten erbost es mich, wenn ich höre, wie Gott für Fehlschläge oder Härtezeiten verantwortlich gemacht wird: »Wie kann er nur so etwas zulassen... nein!! ...«

Wenn Sie sich schon bei irgend jemandem beschweren wollen, dann müssen Sie das leider bei sich selbst tun, denn an Ihrem Desinteresse, an Ihrer Erkenntnis-Unreife, an Ihrer Lernunwilligkeit liegt die Form der Präsentation Ihres Schicksalsweges.

Das klingt nicht angenehm, ich weiß, und mir war es auch anfänglich bitter, diese Tatsache zu akzeptieren. Aber ohne diese Erkenntnis ist ein wirkliches Begreifen unmöglich.

Es gibt zwei funktionierende Möglichkeiten, Ihr Schicksalsprogramm zu ergründen:

1. Die Schärfung Ihres Über-Bewußt-Seins, Ihres seelischen Wahrnehmungsvermögens
2. Die Astrologie

Ein geschärftes Über-Bewußt-Sein erhält man, entgegen zahlreichen Behauptungen aus der esoterischen Ecke, nicht durch Negierung der Materie, sondern durch ihre Bejahung.

Sie haben hier auf dieser Erde inkarniert wegen ihrer materiellen Ausdrucksform, und weil diese Manifestationen Ihre Lehrer sein sollen. Es ist das Leben, das Ihnen zu einer gewissen Reifung verhelfen soll, und die geschärfte Beobachtung der Dinge in diesem Bereich bringt Sie weiter und nicht das Negieren der Vorgänge.

Es hat sich ja inzwischen schon herumgesprochen, daß ich kein Freund von Reinkarnations-Therapien bin, aber auch kein begeisterter Anhänger von bewußtseinsverändernden Atemübungen. Zum großen Teil werden durch diese Experimente die Suchenden in eine Bewußtseinsebene getrieben, in die sie in Wirklichkeit noch nicht hineingereift sind. Da wird wahllos und jedem »Rebirthing« angeboten, und was noch schlimmer ist, von Therapeuten (!) gelehrt; Menschen, die rauchen und Alkohol zu sich nehmen, spielen sich als Rückführer in vergangene Leben auf, mit gedankenlos verkauften Duftölen wird vielleicht etwas wachgerufen, was besser noch geruht hätte, vom Humbug der Subliminal-Kassetten ganz zu schweigen.

Das Schlimme ist: Diese Therapie-Spielchen funktionieren,

und nichts schützt den gläubigen »Patienten« vor seinem Therapeuten und vor sich selbst.

Ich bitte Sie inständig, mir zu glauben, daß Ihr Leben, mit seinen Hinweisen, »Zufällen«, Fußtritten und Streicheleinheiten genug Erkenntnismöglichkeiten über Ihr Selbst beinhaltet und präsentiert, und daß es Ihnen nichts hilft, zu wissen, daß Sie im Jahre 1469 Königin von Spanien waren und im 17. Jahrhundert als Hexe verbrannt wurden. Es hilft deswegen nichts, weil die oberen Plätze in den momentan existierenden Königshäusern vorerst besetzt sind, und Hexenverbrennungen zur Zeit nicht stattfinden, und es also kaum sinnvoll sein kann, diese Emotionalschienen zeitverschoben zu aktivieren. Den Wissenden ist es durchaus geläufig, daß sich Inkarnationen in sehr ähnlicher Programmatik immer und immer wiederholen. Wie ich schon sagte, das Stück ist das gleiche, nur Inszenierung, Kostüme und Bühnenbild wechseln.

In Ihrem Zell-Bewußtsein ist neben unzähligen anderen Dingen auch so etwas wie Erkenntnis-, Erinnerungs- und Wiederholungs-Bereitschaft gespeichert. Ersteres läßt Sie in Entscheidungssituationen eine reifere Wahl als bei der im letzten Leben vielleicht verfehlten Entschließung treffen, zweiteres nimmt Ihnen die Schwellenangst vor Bewältigung schon einmal erlebter gefährlicher Situationen, oder Konfrontation mit bedrohlichen Menschen.

Es wiederholt sich alles immer wieder, aber der Zeit angepaßt. Ich werde Ihnen zur Erholung ein kleines Beispiel geben: Vielleicht kennen Sie die Schauspielerin Christiane Rücker, die eben erst ein Buch über ihre spirituelle Entwicklung geschrieben hat, und vielleicht kennen Sie auch den überaus eifrigen Sektenbeauftragten (??) der evangelischen Kirche, Herrn Pfarrer Haack.

Wüßten diese beiden, wie sie sich in der Zeit der Inquisition begegnet sind, dann müßte Christiane jedesmal schreiend flüchten, wenn sie des Herrn Pfarrers ansichtig wird, und er dagegen würde sein Antlitz, oder besser gleich sein ganzes markiges Haupt verhüllen und mit Asche bestreuen, in schamhafter Erinnerung an sein damaliges Wirken. Dank dem funktionierenden Mechanismus des Vergessens beim Übertreten der Schwelle vom Diesseits zum Jenseits erinnern sich beide nicht, was sie aber nicht abhält, sich genauso zu verhalten wie vor über 300 Jahren: Er greift sie an und »verurteilt« ihr Wirken, sie geht vor den Kadi, um sich zu wehren.

Gott sei Dank können heute nicht mehr wahllos die Mittel verwendet werden, wie in der Zeit der Hexenverleumdungen, und so wehrt sich Christiane mit Erfolg und Vehemenz und scheut auch nicht die direkte Konfrontation. Das würde sie nicht können, hätte sie wenige Wochen vorher in einer Rück-führung gesehen, was sich damals, vor Hunderten von Jahren, abgespielt hat.

Diese Rückführungen aktivieren Emotionen einer vergan-genen Periode und es könnte Ihnen passieren, daß etwas reaktiviert wird, was Sie mit viel Mühe jahrhundertelang versucht haben, für immer zu verarbeiten.

Nehmen wir ein Beispiel aus dem heutigen Leben:

Stellen Sie sich vor, sie haben einen engen Freund, dem sie restlos vertrauen, und eines Tages stellen Sie fest, daß er dieses Vertrauen schamlos mißbraucht hat. Sie stellen ihn zur Rede, er streitet zunächst alles ab, zuletzt aber gesteht er, vielleicht sogar reumütig, und nach einiger Zeit der Verarbei-tung beschließen Sie, ihm zu verzeihen, weil sein Bedauern ehrlich ist und Sie erkannt haben, daß auch die äußeren Umstände ungünstig auf ihn eingewirkt haben müssen. Es vergehen Jahre, das Vertrauen wurde wiedergewonnen, die peinliche Situation ist vernarbt.

Eines Tage treffen Sie eine Freundin wieder, die drei Jahre im Ausland studiert hat und nun in die heimatlichen Gefilde zurückgekehrt ist. Und jetzt erzählen Sie der damaligen Zeugin des peinlichen Vorfalls, daß Sie mit diesem Mann in Friede und Freude wieder zusammenleben. Kann man ihr, die die Verarbeitungsphase nicht miterlebt hat, übelnehmen, daß sie Sie ob Ihrer Wankelmütigkeit schmäht, Ihnen nochmals das damalige Desaster in akademischer Akribie vor Augen führt und damit, vielleicht nicht einmal voll bewußt, Ihren ganzen bereits gelebten Verarbeitungsprozeß wieder zurückrollt und mindert, weil der Emotionalkörper nämlich re-aktivierbar ist. Sie werden an diesem Abend nach Hause gehen, und ich garantiere Ihnen, es wird kein unbeschwerter Tagesausklang sein, denn unterschwellig werden die Folgen der Hatz in Ihnen gären und arbeiten. Sicherlich werden Sie an diesem Abend nicht diese alte Story aufwärmen, aber ob Sie wollen oder nicht, Ihr angereiztes Unterbewußtsein wird zuverlässig arbeiten, und es könnte sein, daß die von ihm nicht richtig zugeschraubte Selterswasser-Flasche Anlaß zu einem wüsten Grundsatzstreit gibt.

Man macht auch nicht inmitten der Heilungsphase einer Wunde Gewaltmärsche, weil man weiß, alles braucht seine Zeit. Diese simple Erkenntnis wird bei der Reinkarnationstherapie rüde coupiert. Wir befinden uns alle, die wir momentan hier inkarniert sind, in einer »Heilungsphase«, und das, was aktiviert werden soll, haben wir in unseren Zell-Erinnerungen sorgfältig mitgeliefert bekommen, als wir uns hier in den Menschenkörper begaben.

Ein berufener Therapeut wird keinerlei Schwierigkeiten haben, aus dieser existenten Informations-Bereitschaft der gegenwärtigen geistigen und körperlichen Konstellation die bestmögliche Hilfestellung bei Problembewältigung zu erarbeiten.

Sie leben im Hier und Jetzt. Dieser Satz ist uns nun so oft um die Ohren geschlagen worden, daß wir ihn schon nicht mehr hören können, aber er hat im Gegensatz zu vielen anderen klugen Sätzen aus dieser Ecke den Vorteil, absolut unbestreitbar zu sein. Dieses Hier und Jetzt ist eine ungeheure Chance, ein hart erkämpfter Studienplatz. Und Sie sollten jedem aus dem Wege gehen, der Sie daran hindert, diese Chance optimal zu nützen. Unberufene Reinkarnations-Therapeuten gehören zu diesen Menschen, genauso, wie unberufene Astrologen. Ich würde gerne einmal eine vollständige Liste guter Fachkundiger auf diesem Gebiet erstellen, aber das scheitert daran, daß fast alle mir bekannten Astrologen gewisse Mängel aufweisen. Entweder verstehen sie nichts von Karma-Astrologie, oder sie sind reine Mathematiker mit der Intuition eines Handstaubsaugers, oder wenn sie alle Vorzüge beherbergen, die man sich fachlich nur erträumen kann, dann sind sie nicht fähig, sich dem Normalverbraucher verständlich mitzuteilen.

Die wirklich Auserwählten sind selten, arbeiten sauber und ohne Computer, deswegen immer mit Zeitmangel, leben zurückgezogen und betreiben diese Wissenschaft meist »nur als Hobby«(!).

Ich kenne einen Düsseldorfer Buchhändler, der auf astrologischem Gebiet Dank seiner unermüdlichen Forschungen ein wahrer Könner geworden ist, aber ich würde nie wagen, seinen Namen zu sagen, denn dann hätte sein letztes Stündlein geschlagen vor Überarbeitung. So ist es mit vielen seriös arbeitenden Astrologen, und ich kann Ihnen nur raten, Ihr Über-Bewußtsein so lange zu aktivieren, bis Sie »riechen«, wo der Ihrige sitzt. Denn wenn er so seriös und berufen ist, wie ich es verlange, dann kann er Ihnen Ihr Schicksalsprogramm wunderbar aufschlüsseln, ohne dabei Ihren kostbaren freien Willen auch nur in geringster Weise zu tangieren. Letztendlich tut er nichts anderes, als ein Beamter der Deutschen Bundesbahn, der Ihnen sagt, welche Züge Sie am günstigsten von A nach B bringen, wie die Abfahrts- und Ankunftszeiten sind, wo Sie umsteigen müssen, und für welche Züge ein Zuschlag verlangt wird.

Niemand kann Ihnen die Arbeit der Schicksalserkennung abnehmen, weder ein Astrologe, noch eine Hellseherin, noch ein Tarot-Kartenleger. Alle diese Menschen können nur eines für Sie tun: Ihr sowieso bestehendes unterbewußtes Wissen zu aktivieren und zu unterstützen, unter absoluter Wahrung Ihrer Willensfreiheit und Berücksichtigung Ihrer Reife.

Wenn Sie diese Formen der Hilfestellung ablehnen, was ich durchaus akzeptiere, dann obliegt es Ihrer Beobachtungsgabe und Lernfähigkeit, die Zeichen der Zeit selbst zu erkennen. Dabei ist das tägliche Überdenken des vergangenen und die positive Imagination des kommenden Tages von großer Nützlichkeit.

Diese Form der Besinnung sollten Sie auch in der schwierigen Zeit des Allein-Seins beibehalten, damit Sie aus diesem Zustand ein All-Eins-Werden erarbeiten können.

Ich weiß, daß man in der Verzweiflung, die die Einsamkeit oft mit sich bringt, häufig keine Lust verspürt, diese Selbst-Prüfungen durchzuführen. Doch genau dann sind sie am allernötigsten. Und Sie werden umso erfolgreicher sein, je wertfreier Sie Ihre Vergangenheit betrachten. Die Fehler des Gestern geben Ihnen die Chance des Erfolges in der Zukunft – wenn Sie sie erkennen und Ihre Absicht der Verbesserung bis in den letzten Winkel Ihres Zell-Bewußtseins klarstellen.

Ein Versager mindert die Qualität der gesamten Aufführung.

Mit Aufführung ist, wie Sie längst gemerkt haben, natürlich Ihr Schicksalsprogramm gemeint.

Ich nehme jetzt einmal an, daß Sie noch keines meiner vorhergehenden Bücher gelesen haben, und sich vielleicht auch sonst mit der sogenannten Esoterik noch nicht allzu vertraut gemacht haben. Aus diesem Grund werden Sie das Phänomen der »Gruppe« möglicherweise nicht kennen.

Stellen Sie sich also bitte folgendes vor:

In einer großen Badewanne befinden sich mehrere Liter Wasser, dessen Molekularstruktur in der Chemie mit der Formel H_2O bezeichnet wird. Jedes dieser Moleküle hat ein Bewußtsein, das in diesem Fall sich aus der Absicht des Wasserstoffes ergeben hat, in irgendeiner Form mit einem willigen Gegenüber, in diesem Fall also dem Sauerstoff, etwas Neues zu bilden, nämlich das Wasser. Diese Verbindung ist nichts weniger, als ein göttlicher Schöpfungsakt, denn der Geist wirkt bis in das kleinste vorstellbare Teil.

Aus einer Ecke naht nun ein Mensch mit Schöpfkelle, entnimmt etwas aus dem Gesamtinhalt, fügt dem entnommenen Teil Salzsäure hinzu und schüttet das Gemisch zurück in die Wanne. Wahrscheinlich werden Sie, wenn es bei diesem einen Mal bleibt, nicht merken, daß die Qualität des vorher reinen Wassers gelitten hat. Trotzdem bleibt die Tatsache bestehen, daß sich in der Wanne nun H_2SO_4 befindet: Eine Minderung hat stattgefunden, wenn wir davon ausgehen, daß es in der Absicht des Schöpfers lag, reines H_2O herzustellen.

Genau so eine Minderung entsteht, wenn Sie eine Abwertung Ihrer Persönlichkeit zulassen, denn Sie stehen in Verbindung mit geistigen Molekularstrukturen anderer Persönlichkeiten, wie die Wasser-Moleküle der Badewanne. Dieser hier im Diesseits viel zu wenig begriffene Zusammenhang hat dazu geführt, daß wir den Aspekt der Eigen-Verantwortlichkeit nicht in seiner vollen Größe erfaßt haben. Denn genauso wie in der Chemie teilt sich auch die Menschheit in verschiedene Strukturen auf, was die Strategie der Verwirklichung der Schöpfungsabsicht betrifft. Diese verschieden strukturierten Zusammenschlüsse kann man als Gruppen bezeichnen. Die Verbundenheit aller dieser Gruppen besteht darin, daß sie sich alle auf dem Weg der Entwicklung in die Vollkommenheit befinden, jedoch unter verschiedenen Aspekten der Absicht und Bestimmung.

Das heißt im Klartext: Mit allem, was Sie denken oder tun, heben oder mindern Sie die Qualität einer ganzen Clique, deren Grundabsicht es ist, durch stete Veredelung ihren Aufgabenbereich zu erweitern. Momentan spielt sich Ihr persönlicher Beitrag zu dieser Gruppe in Form Ihrer jetzigen Inkarnation ab.

Wenn Sie sich allzuleicht negativen Schwingungsveränderungen hingeben, schaden Sie also nicht nur sich selbst, sondern einer ganzen Gemeinschaft. Negative Schwingungsveränderungen werden bewirkt durch Haß, Angst, Habgier, Rachsucht, Egoismus, auch durch Drogenabhängigkeit.

Die Forderung »Liebe deinen Nächsten« beinhaltet also viel mehr, als sich bei flüchtigem Anhören offenbart.

Lassen Sie mich ein paar Worte zu dem rüden Ausdruck »Versager« bemerken. Ein Versager ist niemals jemand, dem etwas schiefgegangen ist oder der eine Aufgabe nicht geschafft hat. Ein Versager ist ein Mensch, der sich gehen läßt, der die anderen für sich arbeiten läßt und beim geringsten Widerstand seine Sache hinschmeißt.

90

Zu diesem Kapitel »Hinschmeißen« gehört auch das Selbst-Mitleid, das Weh-Leid und vor allem die Feigheit.

Jemand, der sich in einer Einsamkeitsphase, die sehr oft mit einer Trauerphase zusammenfällt, auch nur einem der vorher bezeichneten Punkte, mehr als er soll, hingibt, hat die anderen zwei Punkte automatisch für sich mitgepachtet. Auf Dauer gepflegt, deformieren diese Ihre ganze Persönlichkeit und hindern Sie, Ihrer Bestimmung nachzukommen.

Und diese Weigerung ist das Versagen, von dem vorher die Rede war.

Diese Worte sind hart, doch wahr. Und vielleicht verhelfen sie Ihnen zu einer Einsicht, die Ihnen eine unnötig verlängerte Einsamkeitszeit beenden hilft.

Punkt 5

Sie spielen immer die Rolle, die Sie selbst gewählt haben.

Kennen Sie Fanny Brice? Nein? Das ist keine Bildungslücke, denn Fanny war in den Goldenen Zwanziger Jahren sehr weit von Deutschland entfernt das, was man heute einen Star nennt, am Broadway nämlich. Sie gehörte der berühmten Ziegfeld-Truppe an, die aus einer Ansammlung auffallend schöner Damen und Herren bestand, die allabendlich ihre Luxusleiber in mehr oder weniger geglückten Choreographien auf den Brettern, die die Welt bedeuten, zur Schau stellten.

Nun war, was unser Betrachtungs- und Anschauungsobjekt Fanny betrifft, schon in zartester Jugend eines klar zu erkennen: Sie war ein unglaublich begabtes, dem Schönheitsideal Ihrer Zeit jedoch in keinster Weise entsprechendes Mädchen. Sie fing trotzdem schon sehr früh an, allen möglichen und vor allem unmöglichen Aufführungen des jüdischen New Yorker Viertels, in dem sie wohnte, ihre persönliche Note zu verleihen. Bei einem dieser Versuche wurde sie von einem Agenten gesehen, der seine Entdeckung sofort dem großen Florence Ziegfeld andiente. Ziegfeld bestellte die Entdeckung zum Vorsingen und war von der Schönheit ihrer Stimme, aber auch von ihrem spontanen Witz und angeborenem Charme so hingerissen, daß er sie vom Fleck weg engagierte. Damit hatte Fanny nun genau das erreicht, was sie sich während der Jahre auf den Hinterhofbühnen niemals hatte ausreden lassen: Sie war ein Ziegfeld-Girl. Das Ereignis hätte heute ungefähr denselben Stellenwert, als wenn Peter Weck ein völlig unbekanntes Mädchen aus einem Gemeindebau in Stadlau zum Star seines Erfolgsstückes »Phantom der Oper« machen würde, und zwar von heute auf morgen.

Nun, Fanny hatte nie eine andere Absicht gehegt, als ein Star zu werden, aber sie hatte von der Art und Weise, wie sie das zu sein wünschte, detaillierte Vorstellungen. Die Fama weiß zu berichten, daß sie mit ihrem berühmten Chef, der am Broadway wie ein König gehandelt wurde, in eine lautstarke Meinungsverschiedenheit geriet, als er ihr eines Tage abverlangte, als schönste aller Bräute in einer Nummer aufzutreten, die vor Brautschönheiten beinahe überquoll. Da keine dieser Models singen konnte, oblag es Fanny, die Schlußnummer zu interpretieren, und sie sollte also die Krönung sein als sogenannte »Singing Bride«.

Das, was Fanny und wahrscheinlich die ganze Aufführung an diesem Premiereabend gerettet hat, waren drei Dinge:

92

1. Ihre absolute Klarheit der Vorstellung,
   wie sie sich selbst zu sehen wünschte,
2. die illusionslose Klarheit der Erkenntnis,
   wo ihre Stärken und Schwächen lagen, und
3. die kompromißlose Klarheit der Konsequenz
   aus Vorstellung und Erkenntnis.

Der Text, den man ihr aufgezwungen hatte, ging ungefähr so: »Ich bin die wunderbare Spiegelung der wunderbaren Zuneigung meines Liebsten, ein wandelnder Beweis seiner Bewunderung, seiner Liebe, die mich so wundervoll macht, usw., usw.«

Nun war sich Fanny vollkommen bewußt, daß sie alles andere als eine wundervolle Schönheit war, aber auch darüber, daß ihr, würde sie sich weigern, den blödsinnigen Text zu singen, am selben Abend der Rausschmiß drohte.

Als die Minute ihres Auftritts nahte, betrat sie die Bühne in einem herrlichen Brautkleid und sang mit engelgleicher Stimme (Barbra Streisand hat es im Film meisterhaft nachvollzogen) ihr Brautlied, während sich das Publikum vor Lachen im Parkett nur so wälzte.

Warum? Sie hatte sich unter ihr herrliches Kostüm ein pralles Sitzkissen gestopft und präsentierte die Kitschnummer als Hochschwangere.

Dieser zwerchfellerschütternde Auftritt war der Grundstein einer langanhaltenden Erfolgssträhne und einer nie ersterbenden Liebesbeziehung zwischen Publikum und Künstlerin.

Aber warum erzähle ich diese Geschichte?

Fanny Brice hatte sich als Schicksalsprogramm ein Leben auf der Bühne, in der Öffentlichkeit erwählt. Da sie klare Vorstellungen hatte, konnte das Programm schon sehr früh intensiv anlaufen. Es wäre aber auch genauso schnell wieder gestoppt worden, wenn sie ihre erste Prüfungsaufgabe, nämlich ihre tiefempfundene Bestimmung als komische Sängerin zu verwirklichen, nicht bestanden hätte.

Ziegfeld bot ihr zwar die Chance aufgrund ihres Talents, jedoch meistern konnte sie die Anforderung nur durch ihre Willensstärke, ihre Erkenntnisreife und ihren Mut. Hätte sie sich der geistlosen Forderung ihres Chefs an diesem Abend gefügt und versucht, ein wunderschönes Mädchen darzustellen, so hätte sie wahrscheinlich schon am nächsten Abend wieder auf ihrer Hinterhofbühne gestanden.

Wir alle haben die Rolle, die wir in diesem Leben spielen, selbst ausgesucht, und je klarer die Absicht der Präsentation über Ihr Zellbewußtsein und somit über Ihre Handlungsweise für Sie, und also für Ihre Umwelt erkennbar wird, desto reibungsloser ist der Ablauf der Rahmenhandlung, genannt Leben.

Wehren wir uns gegen bestimmte Lehr- und Lernpunkte oder spielen wir allzu gedankenlos, gegen unsere innere Stimme handelnd, bei jedem sich nur anbietenden Spiel mit, dann treiben wir uns damit in ein Hinschulungsprogramm, das sehr hart ausfallen könnte, jedoch immer die Idee der Hinführung zur eigentlichen Rolle bewahrt.

Sollte Ihr Leben bis jetzt in Bahnen gelaufen sein, die nur andeutungsweise sich mit Ihren Vorstellungen decken, dann sollten Sie sich einmal hinsetzen und über die Themen Bequemlichkeit und Käuflichkeit Gedanken machen. Ja, jetzt wird's wieder unangenehm.

Denken Sie doch einmal genau darüber nach, wo und wann Sie sich den immer wieder in gleicher Form aufscheinenden Pflichten und Anforderungen entzogen haben, wo Sie immer wieder den Weg des geringsten Widerstandes gewählt haben und wo Sie hartnäckig Augen und Ohren vor der Bestimmung verschlossen haben. Hier hat sich die Bequemlichkeit ausgetobt.

94

Und wo haben Sie sich immer wieder Forderungen gebeugt, von denen Sie ganz genau wußten, daß ihre Erfüllung Ihnen nicht nützlich sein würde, wo haben Sie sich gemütlich schnurrend von einem Gegenteil überzeugen lassen, das Sie schon längst als inakzeptabel erkannt haben sollten, und wo haben Sie sich wieder einer allgemeinen Strömung willig angeschlossen, obwohl Sie ganz genau wußten, daß der See, in den dieser Strom führt, keinesfalls zu Ihren Badepfründen gehören dürfte?

Hier hat die Käuflichkeit fröhliche Urständ' gefeiert. Käuflichkeit hat nicht immer mit Geld zu tun. Viel öfter wird die Machtgier, die Profilneurose, die Kriecherei und wieder die Bequemlichkeit durch spekulative Überlegungen erkauft, die durch Versucher in tausend Masken ausgelöst werden.

Eine der trügerischsten Masken des Herausforderers von Beweisen wirklicher Charakterstärke ist die Hilfsbereitschaft. Jawohl, Sie haben richtig gehört. Um diese Behauptung zu verstehen, müssen Sie wissen, daß es zwei Formen von Hilfsbereitschaft auf dieser Erde gibt: die erste Form ist das völlig uneigennützige und spontane Anbieten von Hilfe, das andere ist das spekulative, eigennützige Andienen von Hilfe. Beide Formen sind in den Anfängen oft nicht zu unterscheiden, und darin besteht die Prüfung.

Wenn Sie selbst einsam sind, seien Sie vorsichtig im Akzeptieren von Hilfsaktionen ebenfalls einsamer Menschen. In den meisten Fällen ergibt sich die gleiche Hilfsqualität, wie wenn ein Blinder einen anderen Blinden über die Straße führen will. Beide brauchen Hilfe, und darin liegt das Damoklesschwert des Angebotes.

Vor vielen Jahren habe ich einmal Frank Sinatra in Las Vegas in einer sensationellen Show gesehen. Nicht nur, daß dieser Mann ein faszinierender Sänger ist, er ist auch intelligent genug, gute Text-Schreiber für sich arbeiten zu lassen, deren hervorragendstes Talent für mich darin bestand, die Dinge beim Namen zu nennen.

Folgendes Beispiel: Nach einer bejubelten Medley-Sequenz hatte er wieder einen Sprech-Part zu absolvieren, in dem folgende Sprichwort-Verballhornung vorkam: »A friend in need is a – PEST!!!« (Ein Freund in Not ist eine Pest). Zu Ihrer mentalen Auffrischung: der Originaltext heißt »A friend in need is a friend indeed«. (Ein Freund in der Not ist ein wahrer Freund).

Kaum hatte Sinatra den Satz gesagt, brach das Publikum in einen langanhaltenden, hysterisch anmutenden Lachkrampf aus, was mich damals befremdete, mir heute jedoch völlig erklärlich ist.

Diese Reaktion bestätigt nämlich haargenau, was ich vorher unter Punkt 1 bezüglich »Berufs-Einsamer« gesagt habe. Sie gehen jedem auf die Nerven, nur – keiner getraut sich, das zuzugeben. Denn der Mensch soll ja gut und edel sein, und dazu gehört vor allem, daß er »hilfsbereit« ist.

An diesem Abend in Las Vegas saßen in diesem Saal gut und gerne 600 Menschen, bei denen der Satz »A friend in need is a pest« ad hoc einen emotionalen Schub auslöste, aus dem sich für den geschulten Zuhörer folgende Information herauskristallisiert: 600 (!!) Leute waren in ihrem Leben schon einmal hilfestellungsmäßig mißbraucht worden und hatten den Ärger darüber »hinuntergeschluckt«, aber durchaus nicht verdaut, wie das hysterische Gelächter zeigte. Manche der Menschen verfielen in einen regelrechten Lachkrampf, so daß ihnen die Tränen hinunterliefen. Und genau das ist der Mißbrauch von Hilfsbereitschaft: Zum Heulen!

Aber genauso zum Heulen ist das Anbieten von Hilfe, um es später wieder abzufordern, unter dem Motto: Eine Hand wäscht die andere oder: Leihst du mir dein Schneuztuch, leih ich dir mein Schneuztuch.

Genauso wenig, wie Sie Hilfe wahllos anfordern sollten, genauso vorsichtig sollten Sie mit dem wahllosen Annehmen von Hilfe sein. Mir ist jeder, der spontan Hilfe anbietet, und sein Angebot dann doch nicht durchhält lieber, als eine spekuliert angebotene Hilfe. Diese drängt Sie nämlich in eine der unangenehmsten Rollen, die dieses Universum zu vergeben hat: den »Dauer-Danker«. Verzichten Sie grundsätzlich auf dieses verlockende Rollenangebot. Jede Ersatzrolle ist besser!

Lassen Sie mich im Zusammenhang mit Rollenspielen auch auf das Thema Partnerschaft kommen. Wieviel Leid ist mir in meinem Leben durch Spekulation auf diesem Gebiet vorgeführt worden!

Spekulation in der Partnerschaft findet immer dann statt, wenn Sie sich von einer Verbindung erhoffen, daß der andere Ihnen etwas bietet, was Sie selbst nicht haben oder glauben, selbst nicht erreichen zu können. Das fängt mit den finanziell motivierten Verbindungen an (das heißt dann oft: er, respektive sie trägt mich auf Händen) und endet mit Zusammenschlüssen unter dem Motto »Lieber den Spatz in der Hand, als...«

Ich habe mühsam gelernt, daß ein Partner, mit dem man Arm in Arm gehen kann, zehnmal mehr wert ist, als einer, der dich auf Händen trägt. Wer auf Händen getragen wird, kann nicht mehr dahin laufen, wohin er selbst will, vergessen Sie das nie! Denken Sie einmal über die Magie des Schiller'schen Satzes nach: »Arm in Arm mit dir, so forder' ich mein Jahrhundert in die Schranken.« Da gehen zwei Gleichberechtigte mit Zuneigung und Interessengleichheit voran, während in der anderen Situation letztendlich zwei Behinderte dahinstolpern: der eine kann seine Arme nicht gebrauchen, weil er den anderen trägt, und der andere steht nicht mehr auf dem Boden der Realität – er ist hilflos.

Lassen Sie sich nur auf Händen tragen, wenn Sie wirklich

nicht mehr können, und dann bitte von Menschen, die offensichtlich stark genug sind, für eine kleine Weile Kraft für Zwei zu haben.

Erinnern Sie sich noch an das herzergreifende Gedicht am Anfang des Buches? Durch Unsinn wie diesen wird den Menschen suggeriert, daß ein einzelner eine wandelnde Mangelerscheinung ist. Dies ist der wichtigste Punkt im Rollenspiel, den Sie als absoluten Irrtum zu erkennen lernen müssen. Sie sind als sogenannter Single genausoviel wert, und vor allem genauso aktionsfähig, wie ein Paar oder eine Gruppe.

Die Fähigkeit aber kommt nur durch Selbst-Erkenntnis und Eigen-Liebe, die in der Form, wie ich es meine, absolut nichts mit Egoismus zu tun hat. Wenn Sie diese beiden Lehrfächer sich wirklich »zu eigen« gemacht haben, dann kann Ihnen schon sehr vieles nicht mehr passieren, was mit dem Verlust von Lebensenergie zu tun hat. Lassen Sie sich von niemandem einreden, daß die einzige und allseligmachende Beglückung des Menschen in der Zweisamkeit liegt. Das ist eine Lüge!

Denken Sie jetzt bitte nicht, ich sei eine frustrierte alternde Xanthippe, die auf diesem Wege ihre Frustrationen loswerden will. Jeder, der mich kennt, weiß, daß ich kein Kind von Traurigkeit bin, aber ich habe Phasen innigst empfundener Zweisamkeit in meinem Leben genauso gehabt wie Zeiten der Einsamkeit zu zweit und allein. Die kreativeren Phasen waren allemal die des Allein-Seins.

Nun kann ich Sie aber auch voll und ganz verstehen, wenn Sie sagen: »Liebe Frau McLean, wissen Sie was, ich hab' genug von Ihrer gepriesenen kreativen Singularität. Ich möchte endlich mein Leben mit jemandem teilen, in Freud wie in Leid, im Lachen und im Weinen, in guten wie in schlechten Zeiten.« (Merken Sie, wie der Gefühlsseismograph jetzt zu zittern anfängt?) Gut, gut, akzeptiert. Dann müssen

Sie aber erst etwas zu bieten haben, was wert ist, oder besser, gehaltvoll genug, um für Sie und einen Partner auszureichen. Diese Grundlage ist die einzige, die eine erfüllte Partnerschaft fundieren kann.

Dann müssen Sie auch nicht einem eventuell auftauchenden Partner mühsam irgendwelche Rollen vorspielen, von denen Sie meinen, daß sie ihm gefällig sein könnten, was Sie in der Zukunft dann auch davor bewahrt, daß Sie sich anhören müssen, daß Ihr Lebensgefährte von Ihnen »enttäuscht« ist, was nichts anderes heißt, als daß er sich von Ihnen getäuscht fühlt. Dieses, manchmal unbewußt ablaufende Täuschungsmanöver von Partnern ist der häufigste Grund für das Scheitern von Beziehungen.

Sicher wissen Sie, was Imponiergehabe ist. Der Begriff kommt aus der Tier-Verhaltensforschung und bezeichnet vor allem das Benehmen von männlichen animalischen Lebewesen in der Brunft-Zeit. Was passiert da? Da werden die Männchen der Schöpfung vor lauter Aufplustern gleich doppelt so groß wie im Normalzustand, soll doch die umworbene Schöne merken, daß der Herrlichste von allen ihr die Ehre erweist. Die Weibchen tun dann recht uninteressiert, schauen in eine andere Richtung, und zeigen sich meist dann erst gnädig, wenn der Gemahl in spe ein besonders schönes Tänzchen aufgeführt oder der Angebeteten ein passendes Angebinde zu Füßen (Flossen, Krallen, usw.) gelegt oder in den Schnabel gestopft hat.

Wie sich die Bilder gleichen! Verbindet uns doch mit unserer Fauna nicht nur der verkümmerte Flugschwanz, auf dem Sie im Moment hoffentlich recht bequem sitzen: Ihr Steißbein.

Natürlich laufen beim Kennenlernen eines Partners, oder lassen Sie mich besser sagen, in der Umwerbungsphase, unglaublich viele instinktive Verhaltensweisen ab, gegen die ja auch niemand etwas haben kann, denn diese Aktionen üben auf das Objekt der Zuneigung einen geschlechtsspezifischen Reiz aus, der für unsere Arterhaltung von größter Bedeutung ist. Davon rede ich auch nicht, sondern von den vernunftsmäßig, also rein spekulativen Handlungen, die den Partner gefälligst dahin bringen sollen, wo man ihn zu haben wünscht.

Ich hoffe, es ist klar, daß ich nicht davon spreche, daß die Frau sich hübsch herrichtet, und der Mann sich ein neues Rasierwasser kauft, und sich auch sonst beide so reizend wie nur irgend möglich präsentieren. Das ist legitim.

Was ich meine und verurteile, ist das bewußte Darstellen einer Rolle, die in der Persönlichkeit nicht verankert, oder das bewußte Verbergen einer Rolle, die Bestandteil der Persönlichkeit ist, welches also im weitesten Sinne eine arglistige Täuschung des Gegenübers darstellt.

Das Repertoire ist, wie Sie sicher auch schon selbst festgestellt haben, von erdrückender Vielfältigkeit. Da gibt es den männermordenden Vamp, das liebende Hausmütterchen, die unabhängige Mondäne (fast hätte ich Hyäne geschrieben), die alles verstehende und verzeihende Großherzige genauso wie den terminüberladenen Mann von Welt, den delegierenden Chef vom Dienst, den zartfühlenden Hausmann und den seines so überaus subtilen Innenlebens wegen ewig Unverstandenen, um nur einige gern in Anspruch genommene Interpretationen zu nennen.

Wie schmerzlich ist dann das Erwachen, wenn man zu Hause dann plötzlich eine antriebslose, unselbständige, eifersüchtige Landplage sitzen hat, die sich ihrerseits wiederum fragt, wie sie zu diesem pingeligen, kleingeistigen, arbeitsscheuen Hypochonder gekommen ist.

Alles wieder stark überzeichnet, das gebe ich ja zu, aber doch ist an allem das berühmte Fünkchen Wahrheit...

Wie einfach wäre es doch für uns, wenn wir begreifen würden, daß für uns alle ein schicksalsmäßiger Partner bestimmt ist, der nur darauf wartet, daß wir uns so zeigen, wie wir sind, und der uns so lieben will, wie wir sind. So mancher Umwegs-Partner würde uns erspart, so manche Scheidung unausgesprochen bleiben.

Vieles ist ach so einfach gesagt, oder besser, geschrieben, und ach so schwer zu erlernen und sich selbst einzugestehen. Das weiß ich doch genausogut wie Sie selbst, aber muß es denn erst so weit kommen wie in der berühmten Geschichte mit dem Ehepaar, das 16 (!) Jahre nebeneinander dahinvegetierte, bis eines schönen Morgens die Frau das Küchenmesser nahm und es ihrem Mann zwischen die 6. und 7. Rippe rammte, weil sie sein Zahngestochere und Zungenschmatzen beim Essen nicht mehr ertragen konnte. Was für eine Einsamkeit, wenn einer zum anderen nicht mehr sagen kann: »Hans-Karl-Erich! Deine Tischmanieren sind für mich einfach unerträglich! Würdest du deine hoffentliche Wertschätzung meiner subtilen Persönlichkeit vielleicht mit der umgehenden Verbesserung deiner diesbezüglichen Demonstrationen honorieren!!«

Aber Spaß beiseite, es ist niemandem auf dieser Erde bestimmt, auf Lebzeiten den Unterdrückten und Leidenden zu spielen. Dazu gehört aber, daß Sie den Mund aufmachen, und sich in gehöriger Form zur rechten Zeit äußern, sonst könnte der andere meinen, die Rolle, die er präsentiert, gefällt Ihnen, oder, was noch ärger wäre, er könnte gar glauben, daß Sie die eigene Leidensdarstellung zum Überleben brauchen.

Einsamkeit innerhalb von Partnerschaften kommt zu 70 Prozent aus dem gegenseitigen Mißverständnis der Einschätzung der Erwartungen des Gefährten. Erwartungen, die man durch das eigene Rollenverhalten dem Partner schuldig zu sein meint. Dann kommt der große Moment, wo der weltberühmte Satz ausgesprochen wird: »Ich glaube, wir verstehen uns nicht mehr...?!«

Kein Wunder, wenn Desdemona eigentlich eine Mutter Courage ist und Don Carlos ein ganz armer Wozzeck!

Ich habe Ihnen aber auch noch eine andere, genauso bedrohliche Version des Mißbrauchs von Rollen anzubieten. Es könnte Ihnen nämlich passieren, daß Ihr schicksalsmäßiger Partner Sie vor lauter Theaterspielen nicht erkennt.

Wir bringen in unsere diesseitige Existenz bestimmte Erkennungsmerkmale mit, und zwar nicht nur für Partner, sondern für Kommunikationsabläufe im weitesten Sinne. Wenn Sie sich nicht bereit finden können, Ihr Selbst in der ursprünglich »ausgemachten« Form zu präsentieren, dann liegt es durchaus im Bereich des Möglichen, daß Ihre Umwelt generell nicht in der Weise auf Sie reagieren kann, die mit Ihrer Schicksalsbestimmung übereinstimmt.

Deswegen hoffe ich, daß Sie begriffen haben, wie wichtig es ist, sich über das, was Sie bestimmt sind, darzustellen und zu verwirklichen, eingehendste Gedanken zu machen, und vielleicht sind Sie wiederum an einem Punkt angelangt, an dem Sie sich möglicherweise eingestehen müssen, daß er mitverantwortlich für Ihr vermeintlich nicht erfülltes Leben ist, für eine Einsamkeit, die nichts anderes ist als ein Abwarten des Moments, an dem Sie endlich begriffen haben, um was es geht.

Ein flexibler, experimentierfreudiger Mitspieler sitzt niemals in der Ecke.

Vielleicht haben Sie die Situation auch schon erlebt: Sie sitzen in einem Zimmer, und plötzlich hören Sie das laute Gebrumm einer fetten, dicken Stubenfliege. Nun, Sie lieben keine dicken, fetten Brummer, deswegen erheben Sie sich, öffnen das Fenster und warten darauf, daß das kluge Tier den Weg ins Freie sucht und hoffentlich auch bald findet.

Es vergehen Minuten. Die Fliege brummt lautstärker als je zuvor, fliegt immer wieder gegen die Scheibe an, daß man meinen könnte, ihr Köpfchen sei langsam platt wie eine Flunder, dabei ist der rettende Ausgang nur wenige Zentimeter neben dem Punkt ihrer martialischen, aber erfolglosen Versuche. Wieder stehen Sie auf, bewaffnen sich mit einer Zeitung, und versuchen nun, das Insekt sanft aber bestimmt hinauszuscheuchen. Das Gebrumm steigert sich zum wütenden Furioso, Ende vom Lied: Sie verlieren die Geduld und schlagen mit der Zeitung um sich, Fazit: Fliege tot, Fenster zu.

Seien wir alle froh, daß Gott mit uns geduldiger ist als wir mit unseren Stubenfliegen. Denn, und seien Sie mir des Vergleiches wegen nicht gram, viel klüger und konstruktiver verhalten wir uns sehr oft auch nicht als dieses unverständige Tier. Das hängt mit unserer nicht selten vorkommenden Unfähigkeit zusammen, Fixierungen aufzugeben und innerhalb einer verfahrenen Situation umzudisponieren.

Auf einer Fixierung zu beharren ist nichts anderes, als starrsinnig zu sein. Damit haben wir hier eine Eigenschaft vor uns, die offensichtlich gegen die Ur-Absicht der Schöpfungs-

103

idee verstößt, die nach Rhythmus, nach Veränderung, nach Auf und Ab, nach Bewegung verlangt. Die Endstation des Zuges mit Namen Starrsinn heißt Verzweiflung.

Es ist einer der niederdrückendsten Versuche des Schicksals, Sie wieder in die Schwingung der Polarität zu bringen. Ver-zweif-lung. Sie sollen gerüttelt werden, damit Sie wieder in Schwung kommen.

Verzweiflung ist das dunkelste Tal, in das Sie getrieben werden können, wenn Sie vergessen haben, was Ihre Absicht ist, wo Ihre Aufgabe liegt, und daß Ihr Vertrauen und Ihre Hoffnung auch noch in der Dunkelheit genug Licht spenden können, um den Weg auf den Berg wiederzufinden, von dem aus man den totalen Überblick hat und vor allem die Sonne sehen kann.

Ertragen Sie noch ein Sprichwort? Dieses ist in einer Form gehalten, die jeden, der sich nicht gerade auf der Höhe seiner Lebensqualität fühlt, bis aufs Blut reizen muß. Sie kennen es alle:

> Immer, wenn du denkst, es geht nicht mehr,
> Kommt von irgendwo ein Lichtlein her.

Ich kann mich gut erinnern, daß in den Zeiten, wo ein Schicksalsschlag den anderen nur so zu jagen schien, ich mein Leid mit dem hohnlachenden Absingen dieses Reims ad absurdum zu führen versuchte, bisweilen sogar im Duett mit meiner lieben Freundin Immy. Gerne schickten wir uns auch Postkarten, die diesen Vers blumenumrankt auf der Vorderseite präsentierten, natürlich mit den passenden Kommentaren auf der Rückseite.

Würde dieser Spruch stimmen, dann gäbe es auf dieser Welt keinen Selbstmord und keine Menschen, die mit gebrochenem Herzen und gebrochener Seele in den psychiatrischen

Kerkern unserer Welt landen. Da kam eben *kein* Lichtlein zur rechten Zeit, sondern da war nur jemand, der unter der Last eines für ihn unzumutbar scheinenden Schicksals zusammenbrach.

Und doch stimmt dieser simple Satz.

Er stimmt dann, wenn man begriffen hat, daß das »Lichtlein« nicht von *irgendwoher* kommt, sondern *nur aus einem selbst heraus*. Es heißt: Glaube, Hoffnung, Vertrauen und Liebe.

Die Zerbrochenen haben aufgehört, das innere Feuer zu bewahren, die Schwingung zu hüten, die unseren unsichtbaren Schutzwesenheiten ermöglicht, uns Energien aus dem feinstofflichen göttlichen Umfeld zu transformieren und so unsere seelische Widerstandsfähigkeit zu stärken. Aber woher immer die Kraft hernehmen, wach zu sein, wenn das innere Feuer zu erlöschen droht? Die Kraft kann nur aus der Liebe kommen.

Ein Mensch, der von seiner Umgebung nicht die geringste Zuneigung erfährt, wird langsam verkümmern und sich schließlich aufgeben. Hier sind wir beim größten Problem der Einsamen angelangt.

Denn die meisten glauben, daß Liebe von einem Exklusiv-Partner zu kommen hat, wie es wahrscheinlich ja auch Ihnen selbst, siehe Kapitel eins, von Kindheit an suggeriert worden ist. Und nun beharren die Menschen auf dem Suggestionsbild, sehr häufig sogar verbunden mit einer Fixierung auf einen wirklich existierenden (die/den oder keinen) oder in der Phantasie gehegten Gefährten.

Kennen Sie *Szenen einer Ehe* von Ingmar Bergman? Wenn nicht, dann sollten Sie sich dieses Buch kaufen, oder, wenn er mal wieder in einem Sonderprogramm gezeigt wird, den Film im Kino anschauen. Es ist einer der wenigen Fälle, wo Buch und Film kongenial sind, was sicherlich mit dem hochinspirierten Autor und Regisseur zu tun hat. Da gibt es eine Szene, die ganz klein ist, und wie es zuerst scheint, fast unwichtig. Mir fiel sie erst beim Lesen auf. Da aber hat sie mich tief ergriffen:

Die weibliche Hauptperson des Dramas ist Anwältin. Eines Tages, übrigens mitten im sich Zuspitzen der eigenen Ehekrise, bekommt sie eine Mandantin, die sich scheiden lassen möchte, und das nach 20 Ehejahren. Der Grund scheint zuerst nicht wirklich verständlich, denn der Mann ist treu, anständig, trinkt nicht, interessiert sich wie sie für Musik, alles in allem also eine dieser tausend »normalen Ehen«.

Aber dann kommt's. Von der Anwältin sorgfältig befragt, sagt die Frau: »Ich nehme lieber die Einsamkeit auf mich, als in einer Ehe ohne Liebe zu leben.«

Marianne, die Anwältin, ist konsterniert: Ja, wodurch sich denn das Fehlen dieser Liebe äußere? Und jetzt kommt einer der Schwerpunktsätze der ganzen Szene. Die Frau sagt: »Es äußert sich überhaupt nicht.«

Genau das ist es.

Da ist *nichts*.

Und sie differenziert dieses Nichts anschließend auch noch empfindungsmäßig: »Meine Sinne, ich meine Tastsinn, Sehvermögen, Gehör, fangen an, mich im Stich zu lassen. Ich kann zum Beispiel sagen, daß dieser Tisch ein Tisch ist, ich kann ihn sehen, ich kann ihn anfassen. Aber das Erlebnis ist schal und dünn. So ist es auch mit allem anderen. Musik, Düften, Gesichtern und Stimmen von Menschen. Alles wird grauer und ärmer, ohne Würde.«

Ohne Würde!!!

Ein Mensch, der gezwungen wird oder aus spekulativen Gründen einwilligt, sich in einer lieblosen Umgebung aufzuhalten, verletzt seine Würde. Denn Liebe zu empfangen ist Geburtsrecht des Menschen. Der Verlust dieser Würde wirkt sich auf den Mentalkörper genauso aus, wie die Frau es oben beschreibt: mit einer Minderung der Aufnahmefähigkeit der Sinne. Das ist der typische Vorläufer und spätere ständige Begleiter der berühmten endogenen Depressionen.

Aus zwei Gründen habe ich diesen Ausschnitt aus Bergmans Werk hier wiedergegeben:

1. Damit Sie begreifen, daß Ihre Einsamkeit nicht durch Fixierung auf Erlösung durch einen Partner gelöst werden kann, und
2. damit Sie begreifen, daß Sie sich selbst und vielleicht auch Ihre näheren Umstände aus eigener Kraft verändern müssen, um wieder in den Stand der Liebe zu gelangen.

Eine weitere Fixierung ist die Behauptung: »Niemand liebt mich!!!!« Ich weiß nicht, was ich Ihnen schenken würde, wenn Sie mir dafür glaubten, daß sich mit jedem Mal, wo Sie diesen Satz aussprechen, ein negatives Gedankenbild in der Welt festsetzt, das wirkt und wirkt und wirkt...

Die Eigen-Fixierung ist, ohne daß Sie es vielleicht bis heute gemerkt haben, einer der triftigsten Gründe für Ihr als Einsamkeit empfundenes Unbehagen. Möglicherweise ist Ihre sogenannte Einsamkeit nichts anderes, als das konstante Atemanhalten Ihres Schicksalsablaufs, der nun abwartet, daß Sie sich endlich entschließen, Ihre Alt-Strukturen (= Fixierungen) aufzugeben, damit Sie endlich neue formieren können.

Noch einmal fällt mir zu diesem Thema Ingmar Bergman ein. In seinem Meisterwerk *Wilde Erdbeeren* (einen ergreifenderen Film habe ich nie gesehen) laufen zu 70 Prozent in sich erstarrte, »liebeleere« Menschen herum. Das Kontrastprogramm besteht aus einer Gruppe von drei jungen, im wahrsten Sinne unverdorbenen Menschen und einer jungen Frau, die mit letzter Kraft um ihre Würde kämpft. Dieser Film, der mein Liebling unter all den Hunderten, wenn nicht Tausenden cineastischen Werken ist, die ich bisher gesehen habe, erschüttert mich jedesmal wieder zutiefst, nicht zuletzt, weil er die Gabe hat, den gordischen Knoten der Abstumpfung, der sich manchmal so leicht und unmerklich um die Seele knüpft, mit sanfter Hand zu lösen.

Wagen Sie folgenden Test: Versuchen Sie, eine Video-Aufnahme dieses Films zu bekommen, und schauen Sie ihn sich alleine an. Und merken Sie sich, an welchen Stellen Sie zu weinen angefangen haben. Die Szenen, welche die Tränen-Auslöser waren, könnten Ihr verborgenes Problem beinhalten.

Ein wesentlicher Bestandteil der Geschichte dieses Films sind Traumerlebnisse der Hauptfigur, des greisen Professors Isaak Akkerman. Und über genau diese Traumerlebnisse erkennt der alte Herr die Verfehlung seines Gefühlslebens.

Nun, es wird Ihnen wohl kaum die Gnade beschieden sein, Ihre Fehlerquellen in Bergman'scher Filmqualität via Träume geliefert zu bekommen. Trotzdem sollten Sie lernen, vor allem in Einsamkeits- oder gar Verzweiflungsphasen Ihre Träume genau zu beachten. Denn Ihr Unterbewußtsein (Überbewußtsein?) weiß genau, wo der Hund begraben ist, und es wird mit verschiedensten Bildern versuchen, Ihrem Bewußtsein auf die Sprünge zu helfen. Auf diese Hinweise werden Sie aber nur eingehen können, wenn Sie bereit sind loszulassen, sich von Festlegungen, die Sie bis heute nachdrücklich gehütet haben, zu trennen.

Was haben Sie zu verlieren? Wagen Sie also die Flucht nach vorne, und beweisen Sie sich selbst, was ich Ihnen seit vielen Seiten zu vermitteln versuche: *Sie* sind der Macher Ihres Schicksals.

Niemandem ist es bestimmt, endlos zu leiden und einsam zu sein.

Wenn Sie die Ergebnisse der vorhergehenden sechs Punkte noch einmal überdenken, dann werden Sie mir zugeben, daß unter diesem Punkt 7 eigentlich als Kommentar nur ein einziges Wort stehen müßte: Richtig!

Vielleicht ist es Ihnen schon aufgefallen, daß sich alle meine konstruktiven Empfehlungen zur Verarbeitung Ihrer Einsamkeit der üblichen Vorschläge, die es normalerweise nur so hagelt, völlig enthalten. Dazu gehören die wohlgemeinten Anregungen, die vom Aufsuchen von Single-Clubs bis zum Aufgeben einer Anzeige unter der Rubrik »Kontakte« reichen genauso, wie der überaus hilfreiche Rat, sich einen Hund oder ein Kind anzuschaffen.

Sollen wir wieder von vorne anfangen? Einsamkeit kommt von innen heraus... siehe Punkt 1.

Streichen Sie bitte endgültig und für immer den Satz: »Mir ist es eben bestimmt, einsam zu sein« aus Ihrem Repertoire. Es ist durchaus im Bereich des Möglichen, daß es Ihre Bestimmung ist, *allein* zu sein. Niemals ist Ihnen damit jedoch aufgeladen worden, *einsam* zu bleiben.

Wenn wir von der Tatsache ausgehen, daß auf dieser Erde Milliarden von lebenden, denkenden, suchenden Menschen herumlaufen, dann bekommt dieser Ausspruch: »Mir ist es eben bestimmt...« beinahe einen Hauch von Perversion. Unerbittlich bestehen bleibt also die Aufforderung »Hilf dir selbst, dann hilft dir Gott!« als Conditio sine qua non, um die Tür aus dem scheinbaren Gefängnis öffnen zu können.

Wenn Sie nur fühlen, begreifen könnten, wieviel Liebe hinter dieser scheinbar so apodiktischen Forderung verborgen ist! Heißt sie doch nichts anderes als: Zeig mir, *daß* du willst, zeige, *was* du willst, und ich helfe dir, mein geliebtes Kind.

Da wird immer von dem kostbaren freien Willen psalmodiert. Hier ist der Moment, hier ist die Gelegenheit zu beweisen, daß wir ihn haben und daß wir dieser Gabe unseres Schöpfers würdig sind.

Sind Sie bereit für eine Viertelstunde der Meditation, des Nachdenkens? Wenn ja, möge folgendes wunderbare Gedicht von Hermann Hesse die Grundlage Ihrer Gedanken sein:

STUFEN

von Hermann Hesse

Wie jede Blüte welkt und jede Jugend
Dem Alter weicht, blüht jede Lebensstufe,
Blüht jede Weisheit auch und jede Tugend
Zu ihrer Zeit und darf nicht ewig dauern.
Es muß das Herz bei jedem Lebensrufe
Bereit zum Abschied sein und Neubeginne,
Um sich in Tapferkeit und ohne Trauern
In andre, neue Bindungen zu geben.
Und jedem Anfang wohnt ein Zauber inne,
Der uns beschützt und der uns hilft zu leben.

Wir sollen heiter Raum um Raum durchschreiten,
An keinem wie an einer Heimat hängen,
Der Weltgeist will nicht fesseln uns und engen,
Er will uns Stuf' um Stufe heben, weiten.
Kaum sind wir heimisch einem Lebenskreise
Und traulich eingewohnt, so droht Erschlaffen,
Nur wer bereit zu Aufbruch ist und Reise,
Mag lähmender Gewöhnung sich entraffen.

Es wird vielleicht auch noch die Todesstunde
Uns neuen Räumen jung entgegen senden,
Des Lebens Ruf an uns wird niemals enden...
Wohlan denn, Herz, nimm Abschied und gesunde!

Dritter Teil

Zeit der Trauer – Zeit der Einsamkeit

Was, glauben Sie, ist schwerer zu ertragen: die Trennung von einem Partner aus persönlichen Gründen oder die Auflösung einer Partnerschaft durch Tod?

Alle, die verlassen wurden, oder sich selbst zur Beendigung einer Verbindung gezwungen haben, werden Ihnen sagen, daß dies das Schwerste ist, weil der andere ja noch immer weiterexistiert und eigentlich in greifbarer Nähe wäre, wenn, ... ja, wenn da nicht diese vielen Gründe gewesen wären, die ein weiteres Zusammenleben verhindert hätten.

Am schlimmsten wird die Qual von Menschen geschildert, deren Partner sich aus der bestehenden Gemeinsamkeit entfernten, weil ein neuer geliebter Mensch auftauchte.

Da atmet, lacht, frühstückt, tanzt, arbeitet und lebt der andere noch immer – aber nicht mit mir!! Da nennt er den anderen mit meinen Kosenamen, teilt mit ihm dieselben kostbaren Momente, die mein Leben lebenswert gemacht haben, ist glücklich – ohne mich!!

Und ich stehe da und erlebe das alles mit, sehe die beiden vielleicht auch noch in dem Restaurant, das doch immer unser Restaurant gewesen war, höre von wohlinformierten Freunden, wie phantastisch es beiden gehe, und glaube, ich muß ersticken vor Schmerz und Leid.

Ob Sie mir das nun abkaufen oder nicht:

Jeder, der seinen Partner durch Tod verloren hat (es ist wohl klar, daß wir hier nur von geliebten Partnern sprechen), wird für die eben erfolgte Beschreibung nur ein bitteres Lachen übrighaben und sagen: Du hast ja keine Ahnung ...! Da atme, frühstücke, arbeite und lebe ich noch immer – und der andere ist weg! Da rufe ich ihn mit meinen Kosenamen, denke an die kostbaren Momente, die mein Leben lebenswert gemacht haben und bin zerstört – ohne ihn!

Ich stehe da und erlebe das alles, sitze allein in dem Restaurant, das immer unser Restaurant gewesen ist, und muß mir von wohlmeinenden Freunden anhören, daß es ihm sicher gut geht, da, wo er ist, und ich glaube, ich muß ersticken vor Schmerz und Leid.

Ich habe Ihnen die beiden Beispiele vor Augen geführt, um Ihnen zu zeigen, daß Schmerz und Leid etwas ganz Subjektives sind, das nicht gewertet werden kann.

Ich habe Männer wie Frauen erlebt, die nach einer sogenannten persönlichen Trennung zerbrachen, nie mehr »ganz« wurden, in un-endliches Leid verfielen, und wiederum Menschen, die ihrem geliebten Partner die Augen zudrückten, sich aufrichteten und eine solche Kraft ausstrahlten, daß sie beinahe übermenschlich wirkten in der Bewältigung ihrer Leidensphase. Wer kann sagen, wo das Leid größer war?

Das Leid, das Sie im Moment haben, ist momentan für Sie das allergrößte Leid auf der ganzen Welt, weil Sie diese Welt ja mit Ihren Augen sehen und mit Ihren Sinnen begreifen.

Deswegen werde ich auch nicht den Fehler begehen, zwischen dem Leid von Menschen zu unterscheiden, die einen Partner durch Trennung oder durch Tod verloren haben, aber auch nicht das Leid derer höherstellen, die ein Kind verloren haben. Für jeden, dem einer dieser Schicksalsschläge widerfährt, ist das Entsetzlichste passiert, was einem Menschen passieren kann: Er hat sein Geliebtes verloren, und dabei spielt es keine Rolle, ob es das einzige Geliebte ist. In dem Moment des Geschehens ist es das Einzig-Geliebte auf der ganzen Welt, das man verloren hat, und sei es auch »nur«, verzeihen Sie mir, ein Hund.

Vor vielen Jahrzehnten, als die Menschen noch nicht so von Technik und Wissenschaft zugedeckt waren wie heute, gab es einen Brauch, der zeigt, daß unsere Verbundenheit mit »Drüben«, aber auch unser tiefstes Wissen durch unsere glorreichen neuzeitlichen Errungenschaften nicht gerade an Qualität gewonnen hat.

116

Wenn nämlich damals ein Baby auf die Welt kam, dann versammelte man sich vor dem Haus der Wehmutter und heulte und jammerte, daß es rein zum Erbarmen und Erschauern war. Starb aber jemand, dann sang und tanzte man, was das Zeug hielt und feierte ein fröhliches Fest, bei dem der Verstorbene einen Ehrenplatz hatte, an dem auch ein Gedeck stand, das durchaus nicht leer blieb.

Von all diesen inspirierten Bräuchen ist uns heute nur mehr der Leichenschmaus geblieben.

Warum sage ich »inspiriert«? Diese mittelalterlichen Menschen wußten ganz genau, daß der Eintritt in diese unsere Welt nicht unbedingt ein Grund zum Feiern war, denn hier kam jemand an, der sich auf eine schwere Zeit der Prüfung, des Lernens, der Bewährung eingelassen hatte. Und so erklärt sich, warum bei einem Todesfall mit Jubel gefeiert wurde: Da hatte es wieder einer geschafft und durfte nach Hause.

Nach Hause!!! (Am liebsten hätte ich die ganze Zeile mit Rufzeichen gefüllt.) Warum haben wir das nur vergessen, daß unsere Heimat doch nicht *hier* ist?

Bitte haben Sie keine Befürchtungen, daß ich das Thema Trauer in dieser Weise grundsätzlich abhandeln werde, indem ich zu erklären versuche, daß dieses Gefühl des Trauerschmerzes ja sowieso für den erleuchteten Esoteriker inakzeptabel ist, weil man sich ja ohnehin im Jenseits wiedersieht. Diese Geisteshaltung, die grundsätzlich natürlich die Wahrheit in sich birgt, ist das Abgebrühteste, was man einem Trostsuchenden vor den Latz knallen kann, solange er sich in seiner akuten Trauerphase befindet. Es ist ungefähr dasselbe, als wenn Sie selbst ein großer, kräftiger Mann wären, den ein kleines Klappergestellchen bittet, ihm doch seinen schweren Koffer ein Stück zu tragen, und Sie antworten:

»Wenn du ein Jahr Gewichtheben machst, dann kannst du ganz wunderbar deine Koffer alleine tragen.«

Das ist das Letzte, was der Hilfsbedürftige im Moment zu hören wünscht! Und das Allerletzte, was er jetzt gerade braucht, obwohl es von unwiderlegbarer Wahrheit ist.

Können Sie sich erinnern, als ich ziemlich am Anfang sagte, daß wir hier inkarniert haben, um die Materie kennenzulernen, um über sie begreifen zu lernen. Dazu gehört auch das völlige »Ausloten« von Empfindungen und Gefühlen, wie eben zum Beispiel Trauer, Schmerz, Verzweiflung über einen Verlust.

Erst wer bei einem sehr hohen Reifegrad angekommen ist, wird alle diese Gefühlsqual durch ein besseres Wissen überwunden haben – bei einem sehr hohen Reifegrad, der erst nach vielen Inkarnationen erreicht werden kann.

Deswegen ist es das Recht eines jeden Menschen, eine angemessene Zeit nach einem schmerzlichen Verlust in Trauer zu verbringen. Eine angemessene Zeit!

Würde man hundert Trauernde zusammensetzen, dann kämen hundert verschiedene Angaben, wie lange eine angemessene Trauerzeit zumindest dauert. Aber es gibt eine Grenze, die irgendwann einmal instinktiv gesetzt wurde, und von der ich glaube, daß sie so schlecht nicht gewählt wurde: das Trauerjahr.

Nach meinen Erfahrungen fängt man an, sich nach sieben Monaten halbwegs wieder als funktionierendes Lebewesen zu spüren, obwohl die Trauer noch immer vorhanden ist. Aber sie ist stiller, nicht mehr so würgend wie in der ersten Zeit.

Das Schlimmste, was man einem Trauernden in der ersten, frischesten Zeit des Schmerzes anraten kann, ist, sein Leben »ganz normal« weiterzuführen, oder, es radikal zu ändern, was sich vor allem auch auf diejenigen bezieht, die verlassen wurden.

Es ist genauso falsch, so zu tun »als wäre nichts geschehen«, weil das einer künstlichen Unterdrückung der Trauer gleichkommt, wie auf der Stelle alles zu entfernen, was an den, auf welche Weise auch entschwundenen Gefährten hinweisen könnte, weil dies bei Verlassenen zum Schmerz in nicht unerheblichem Maß eine Aggressivierung hinzufügt, die der Verarbeitung des ganzen Leidensprozesses im gleichen Maße hinderlich sein kann wie bei Verwitweten, die von einer solchen Aktion allemal überfordert sind.

Trauer braucht ihre Zeit des Begreifens und des Verarbeitens, und wenn die Forderung durch Negierung oder falsch verstandenes Zur-Schau-Stellen von Heldentum und Stärke umgangen wird, kann es zu psychischen Defekten kommen.

Das beste Mittel, um mit Trauer fertig zu werden, ist das Weinen. Schämen Sie sich niemals, egal ob Männlein oder Weiblein, Ihren Tränen freien Lauf zu lassen, wenn Ihnen danach ist.

Es ist so geheimnisvoll, dieses Land der Tränen, sagt Saint-Exupéry in seinem Buch *Der Kleine Prinz*, und das ist es wahrlich. Denn das Weinen kann die energetischen Verklumpungen in Ihren Chakras lösen, die sich bei Trauer immer ansammeln.

Chakras sind – für die, die es nicht wissen – die Energiezentren des Körpers, und in Zeiten des Kummers werden Sie vor allem das Stocken des Energieflusses in Ihrem Solarplexus und in Ihrer Kehle bemerken. Nichts kann diesem Zustand schneller Linderung verschaffen als das Weinen.

Also, weinen Sie bitte, und lassen Sie um Himmels willen auch andere in Ruhe weinen, solange sie wollen. Und alle Tröster sollten sich den Satz »Nun wein doch nicht« abschminken, denn dann sieht sich der Bekümmerte in der mißlichen Lage, zu aller Anforderung sich auch noch aus Rücksicht auf den Tröstenden beherrschen zu müssen.

Das beste Mittel, einen Weinenden zu trösten, ist, ihn in die Arme zu nehmen, zu wiegen und seinen Rücken zu streicheln.

Das Wiegen beruhigt, harmonisiert, während durch das Streicheln die angegriffene Aura aufgeladen und somit der Zustand des Geschwächten stabilisiert wird.

Instinktiv tun Trauernde das sogar mit sich selber, wenn sie niemanden in der Nähe haben, der ihnen diesen Liebesdienst leistet: sie verkreuzen die Arme, daß die Hände bis an die Schultern reichen und wiegen sich hin und her. Viele stimmen dazu einen eigenartigen Sing-Sang an, und wieder würde ich was weiß ich drum geben, wenn sich herumsprechen würde, daß diese Trauergesänge in höchstem Maße hilfreich sind.

Das war einstens das Geheimnis der Klageweiber: durch das Erzeugen von tiefsten und höchsten Tönen eine Auflösung der Traueranspannung zu erreichen. Dieses Hinüberziehen eines Tones zum folgenden wird in der Musik mit *portamento* oder *glissando* bezeichnet, und auch von Schauspiel- und Gesangslehrern immer zur Lockerung der Stimmbänder verwendet, was nichts anderes ist, als eine Lockerung von Verspannungen im Bereich des Halschakras.

Probieren Sie's doch einmal aus, wenn Ihnen einmal wieder alles bis »zum Halse« steht. Sie werden die Wirkung spüren, das versichere ich Ihnen.

Das erste, was auf eine Trennung, in welcher Form auch immer, folgt, ist ein Schock. Egal, wie gefaßt Sie reagiert haben, wie vorbereitet Sie waren, der Schock kommt so sicher wie nach einem Unfall, und sei dieser noch so folgenlos gewesen.

Hier jedoch kann man von Folgenlosigkeit wohl kaum reden: Man ist durch äußere Gewalteinwirkung in einen Zustand versetzt worden, den man als schmerzvoll empfindet.

Mit Absicht sage ich äußere Gewalteinwirkung, denn genauso werden Schicksalsschläge aus dem Bereich der Trennung zunächst eingeordnet. Man klagt den Tod an, das

120

Schicksal, Gott und sämtliche Heiligen, weil in diesem Moment des Schocks und ersten, namenlosen Schmerzes die Erkenntnisfähigkeit bei jedem Menschen total blockiert ist.

Erst nach ungefähr drei Tagen kann man die Verschiedenheit der Reife bei den Trauernden erkennen. Die einen fangen schon mit der sogenannten konstruktiven Trauerzeit an, während die anderen im wahrsten Sinne des Wortes in ihrem Schmerz blind wüten, unansprechbar sind und sich mit Selbstmordgedanken tragen.

Dehnt man in diesen beiden Gruppen den emotionalen Bogen nach oben oder unten, bleiben diese zwei Abteilungen insofern bestehen, als daß der eine Teil den Verlust akzeptiert und trauert, was wesentlich weniger Energie erfordert als die Reaktion des anderen Teils, der nicht bereit ist, sich mit den gegebenen Umständen abzufinden und in selbstzerstörerischer Form dem Kummer zu erliegen droht.

Wenn wir diese beiden Gruppen einmal mit A und B bezeichnen wollen, wobei mit A die »Akzeptierer« und mit B die »Bekämpfer« gemeint sind, so sind die Angehörigen der B-Gruppe nicht nur vom Energieverbrauch her gesehen im Nachteil, sondern auch von der Erkenntnisreife-Arbeit her, denn diese muß erst auf den Status der A-Gruppe gebracht werden, nämlich, zu akzeptieren, daß ein Loslassen praktisch erzwungen und unwiderruflich festgelegt wurde.

Dieses Akzeptieren kann bei manchen Menschen jahrelang dauern, vor allem, wenn sie ohne Hilfe gelassen werden. Erst danach kann die eigentliche Trauerphase, die ich vorher als die konstruktive bezeichnet habe, einsetzen. Warum konstruktive? Aus dem Bewußtsein des Verlustes muß eine neue Lebensqualität und auch eine neue Lebensform gefunden werden, die schrittweise erarbeitet wird.

Es können noch so viele Freunde, Verwandte und Helfer um den Trauernden versammelt sein, diese Phase der Neu-

Strukturierung ist immer hart und wird als Zeit der Verlassenheit empfunden.

Die Schwierigkeit besteht darin, ein Lebensritual, das Grundlage für ein Leben mit einem Partner war, nun in einen Ablauf umzuformen, der einem einzelnen angepaßt ist.

Diese Änderung des Lebensrituals ist von immenser Wichtigkeit. Denn abgesehen davon, daß dadurch eine neue Selbst-Ständigkeit erreicht wird, werden auch unentwegt auftauchende Erinnerungsmomente der Zweisamkeit vermieden, die in ihrer programmatischen Konstanz äußerst belastend sein können.

Nur sehr alte Menschen, die einen Partner verloren hatten, haben mir berichtet, daß es ihnen »wohltat«, weiterhin das Leben so weiterzuführen, als sei der andere noch vorhanden. Das heißt, es wurde weiterhin für zwei gedeckt, das Bett bereitet, der Fernsehstuhl hingerückt und die Pantoffeln bereitgestellt.

Alle, die auf der Weiterführung dieses Programms bestanden, so fiel mir auf, redeten mit ihrem verstorbenen Lebensgefährten, als sei er in der allernächsten Nähe. Ein 74jähriger pensionierter Bankbeamter, den ich kannte, kaufte weiterhin zwei Konzertkarten und bestand darauf, Hörenswertes aus der Morgenzeitung laut zu verlesen, wie es der jahrelangen ehelichen Gepflogenheit entsprochen hatte. Ich habe niemals versucht, ihn von der Sinnlosigkeit seines Verhaltens zu überzeugen, denn er wollte so weiterleben, in einer Einsamkeit, die er als einzig erträglichen Nachfolgezustand gerne ertrug. Sie war für ihn nichts anderes als die Wartezeit, bis er »heim zu seiner Bärbel« durfte, was dann ziemlich schnell auch geschah.

Er hatte, als seine Frau gestorben war, beschlossen, daß seinem Bleiben auf dieser Erde nun sowieso bald ein Ende gesetzt sei, und daß er diese kurze Zeit in stillem Gedenken verbringen wollte. Er war damals auch schon von Krankheit gezeichnet, und so ließ ich ihn ungehindert gewähren. Er wollte, und was für mich noch viel wichtiger war, er sollte bald auch gehen.

Die meisten jedoch, die ich kannte, waren in der Mitte ihres Lebens, eher noch zwischen 20 und 40 Jahre alt und wollten, obwohl sie in ihrem ersten Schmerz alle das Gegenteil behaupteten, ihr Leben nicht in Einsamkeit beschließen.

Das Finden eines neuen Partners erfolgte bei fast allen erst in dem Moment, wo sämtliche Schuld- und Verantwortungsgefühle dem verstorbenen Partner gegenüber als überflüssig erkannt worden waren.

Bei den Betroffenen, die nicht durch Tod in den Single-Zustand geraten waren, spielten sich die Nachfolgeprogramme ganz verschieden ab. Viele stellten mit Gewalt eine neue Partnerschaft her, oft schon im ersten Monat nach der Trennung, und ich habe 16 Aussagen in meinem Bekanntenkreis, die vermitteln, daß diese »Zwangsüberwindung« hilfreich gewesen sei. Fünf dieser Verbindungen haben die Sieben-Jahres-Barriere bereits überschritten. Ich kann also nicht behaupten, daß diese Form der Bewältigung des Problems grundsätzlich abzulehnen sei. Doch fiel mir auf, daß alle, die sich zu dieser »Flucht nach vorne« entschlossen hatten, sofort nach der Trennung erklärten, von ihren Verflossenen nie mehr etwas hören zu wollen und auch sonst die Zeit der zerbrochenen Partnerschaft als endgültig ad acta gelegten Teil ihres Lebens darstellten. Vielleicht ist es noch wichtig zu erwähnen, daß 13 dieser 16 trauerresistenten Menschen Männer waren. Der Rest kämpfte. Entweder mit sich, oder um den verlorenen Gefährten.

Bei den unzähligen Trennungen, die ich miterlebt habe, gab es innerhalb von 20 Jahren nur zwei Fälle der Wiedervereinigung eines sich trennenden Paares. Wir können also diese Möglichkeit der Errettung aus der Einsamkeit getrost unter den Tisch des Hauses fallen lassen. Ich habe es auch niemals als gut empfunden, jemanden in dieser Richtung hoffnungsmäßig zu motivieren.

Vielmehr erschien mir das Hinarbeiten auf das innere »Loslassen« die wichtigste und segensreichste Betätigung. Aber wie läßt man los?

Das war die brennendste, schmerzlichste, hilfloseste Frage. Die Antwort war immer: Indem man den anderen ent-läßt.

Dieses Entlassen kann auf viele Arten geschehen: abrupt, hadernd, nachtragend, großherzig, edel, übermenschlich und so weiter.

Ich gebe nur einen Weg des Erreichens der Aufgabe weiter, und zwar den, der sich im Lauf von 20 Jahren Beratungsarbeit als der erfolgreichste und konstruktivste erwiesen hat:

Zuerst muß erreicht werden, daß zugegeben wird, daß alles auf dieser Welt besser ist als die Weiterführung der vergangenen Partnerschaft.

Dazu gehört an erster Stelle, daß alle Vorwürfe, die man gegen seinen Ex-Partner vorzubringen hätte, emotional verarbeitet werden, und zwar bis zu dem Punkt, wo man von Herzen sagen kann: Ich verzeihe Dir. Aber auch mit den Vorwürfen gegen sich selbst muß aufgeräumt werden. Es hat keinen Sinn, sich im nachhinein mit Vorstellungen zu quälen, wie es gewesen wäre, wenn man in dieser oder jener Situation damals anders reagiert hätte, was anderes gesagt oder getan hätte.

Es gilt, einen Status der Gleichgültigkeit zu erreichen. Das Wort *Gleichgültigkeit* hat in unserem heutigen Sprachgebrauch einen unguten Beigeschmack, den es nicht immer hatte.

Gleichgültig zu empfinden bedeutet nämlich nicht, daß uns ein Mensch, oder auch eine Sache, egal sein sollte, sondern daß wir die Beurteilung unter dem Aspekt der Gleich-Gültigkeit betreiben.

Ein Mensch, der uns gleich-gültig wird, ist jemand, dem wir in der Lage sind, neutrale Gefühle entgegenzubringen, also ihn weder zu hassen noch anzubeten, ihn also letztlich mit der *gleichen Gültigkeit* wie uns selbst zu betrachten. Damit wäre das Gebot »Liebe Deinen Nächsten wie Dich selbst« in vollendeter Form erreicht.

Wenn wir unsere Partner in der Wertigkeit *gleich-gültig* mit unserem eigenen Wert setzen, dann bleibt uns erspart, daß wir sie über- oder unterfordern, sondern wir billigen ihnen die gleichen Bedingungen zu wie uns selbst.

Hinter dieser Forderung versteckt sich selbstverständlich der Gedanke, daß jemand, der *mir gleich ist*, niemals zum ausschließlichen Mittelpunkt meines Lebens werden kann, da ich selbst noch immer vorhanden bleibe, was den Vorteil hat, daß im Falle einer Trennung mir nicht der Boden unter den Füßen weggerissen wird, da mein »Ich« nach wie vor existent geblieben ist. Je mehr dieses »Ich« in einer Partnerschaft aufgegeben wird, je mehr das eigene Leben nur über einen anderen Menschen erlebt und ausgelebt wird, desto unerträglicher wird eine Trennung sein.

Wenn man jahrelang nur »für« einen Menschen gelebt hat, dann hat man danach natürlich um so mehr Grund, enttäuscht zu sein, da sich zeigt, wie wenig der andere diese Aufopferung nun zu würdigen weiß.

In schmerzlichem Lernprozeß müssen wir also alle erkennen, daß wir nicht nur begreifen müssen, die Freiheit des anderen zu respektieren und zu akzeptieren, sondern auch, und dies vor allem anderen, unsere eigene.

Würden wir vielleicht vorsichtiger mit der erdrückenden Hingabe unserer Gefühle, die wir so oft als Liebe bezeichnen, umgehen, wenn wir unsere Liebespartner als Leihgaben unseres Schicksals betrachten würden?

Warum gehen so viele Verbindungen in die Brüche, kaum daß der Trauschein in der Küchenschublade liegt?

Es ist mir sehr oft bestätigt worden, daß es genau dieses Gefühl ist, das ich hier mal ganz salopp mit »Klappe zu, Affe tot« bezeichnen möchte. Bis daß der Tod euch scheidet... Wenn ich diesen Satz auf mich wirken lasse, bekomme ich jedes Mal eine Gänsehaut und das Gefühl grenzenloser Einsamkeit.

Der Mensch, der mich heute bezaubert, wird spätestens in sieben Jahren ein ganz anderer sein, und ich selbst wahrscheinlich auch. Was für ein gnadenloses Urteil, das dann damals gesprochen wurde... Denn dann beginnt eine der schlimmsten Formen von Einsamkeit: das sinnlose Nebeneinander-Herleben.

Meist braucht es nicht einmal diese volle Anzahl der sieben Jahre, was um so peinlicher wird, wenn dies von nur einem Partner erkannt wird, der dann fast immer derjenige ist, der ausbricht und einen ent-täuschten (!) hilf-losen Ein-samen hinterläßt, der in der Ecke sitzt und geschüttelt von Kummer erkennt, daß er den Halt seines Lebens verloren hat.

Wieviel Tränen, wie viele durchwachte, durchweinte Nächte braucht man, um sich selbst einzugestehen, daß man, hätte man es nicht bis zur eigenen Halt-losigkeit kommen lassen, nun wesentlich stabiler den Vorgängen gegenüberstünde.

126

Vor Jahren sang ein österreichisches Duo einmal ein hübsches Liedchen mit dem Text *Yes, I love my little world*, was übersetzt heißt: Ach, wie liebe ich doch meine eigene kleine Welt, in die bitte möglichst niemand ohne Voranmeldung eindringen möge, denn hier, in meiner entzückenden kleinen Welt ist nämlich alles in Ordnung, und diese meine ach so angenehme Ordnung wage niemand durcheinanderzubringen.

Ich gebe zu, dies ist eine sehr freie Übersetzung und Auslegung des kleinen Satzes. Aber genau das ist damit eigentlich gemeint gewesen.

Hier ist eine handfeste Warnung: Je bewußt »kleiner« Sie Ihre Welt halten wollen, desto schmerzhafter wird Sie das Schicksal lehren, daß Sie auf dieser Welt inkarniert haben, um über die Erkenntnis Ihres »Selbst« gemeinschaftsfähig und damit brauchbar für die ganze, große Welt zu werden.

Wenn Sie vor lauter »Liebe« nichts anderes mehr sehen als Ihren Partner, dann werden Sie nämlich genau das, was das Sprichwort als Begleiterscheinung der Liebe aufs Korn nimmt: blind. Sie glauben, das »Sehen« nicht mehr nötig zu haben, das erledigt ja der andere für Sie.

Und was bleibt dann, wenn der andere geht? Eine kleine dunkle Welt, die vollgepfropft ist mit den »Souvenirs«, welche nach außen hin die Grenzen dieses Reviers markieren und wahren sollten – bis dahin und nicht weiter.

Und da sitzen Sie nun, in Ihrem komfortablen kleinen Gefängnis aus Erinnerungen und Ritualen, die doch bis gestern noch so maßgeschneidert erschienen.

Der Weg aus diesem Gefängnis führt nur durch eine einzige Tür. Und die geht nur auf mit einem einzigen Schlüssel, dessen Namen wir alle kennen, und so oft viel zu spät verwenden: Selbst-Ständigkeit.

Und nun kommt das kleine dünne Stimmchen aus der

hintersten Reihe, das da zirpt: Ja, wie werde ich denn selbständig?

Wäre ich jetzt ein unfreundlicher Mensch, würde ich zurückzischeln: Lies doch mal mein *7-Punkte-Programm*. So aber nehme ich mich zusammen und rufe mir ins Gedächtnis, wie unverständig ich selbst bin, und also heißt die Antwort: Indem Sie lernen, völlig unabhängig zu werden.

Wieder das Stimmchen: Und wie werde ich unabhängig?

Die Antwort darauf muß sein: Machen Sie Ihre Welt so groß wie möglich.

Kapseln Sie sich nicht ab, seien Sie neugierig auf alles, interessieren Sie sich für die Vorgänge in Ihrem Umkreis, stumpfen Sie nicht ab, beinahe hätte ich gesagt, lernen Sie Klavier zu spielen. Sie wissen was ich meine: Froggy-Piano und Steinway-Flügel!!!

Die einzige Waffe, die Sie gegen Trauer und Einsamkeit haben, ist Ihr Hirn! Ein besseres Schwert in diesem Kampf gibt es nicht. Aber wie jedes Schwert dieser Welt ist auch dieses nur etwas wert, wenn es scharf ist, wenn es geschliffen ist, wenn es blinkt und blitzt, ohne den geringsten Anflug von Rost aufzuweisen.

Ich gestehe Ihnen als mitleidiger Begreifender Ihrer sicherlich einzigartigen Leidensgeschichte eine Trauerzeit zu, in der Sie sich meinetwegen gehen lassen dürfen. Aber mehr als drei Monate kann ich Ihnen auch bei bestem Willen und größter Anteilnahme nicht zubilligen. Spätestens dann muß Ihr Neu-Strukturierungs-Programm seinen Anfang nehmen.

Die Aktion, die am Anfang Ihres »neuen Lebens« stehen sollte, wird logischerweise sein, daß Sie sich alle Laster, die Sie sich als Trösterchen in der Trauerzeit zugebilligt haben, schleunigst wieder abgewöhnen. Seien Sie bitte sehr genau und ehrlich mit sich selbst bei dieser Gewissenserforschung.

Hier nur ein paar Beispiele:

Wie weit liegt Ihr jetziges Gewicht über oder unter Ihrem Idealgewicht?

Ist Ihr Alkoholkonsum in letzter Zeit zufällig etwas über das Maß, das man einem vernünftig lebenden Menschen zugesteht, hinausgewachsen?

Auf welchen Gebieten haben Sie sich gehen lassen, wo Sie sich normalerweise diszipliniert verhalten haben (Aussehen, Wohnungspflege, Sozialverhalten, und so weiter)?

Haben sich Ihre Schlafgewohnheiten in der letzten Zeit gravierend verändert?

Haben Sie in letzter Zeit eine Gewohnheit angenommen, die völlig neu in Ihrem Repertoire ist und die man nicht unbedingt als schmückendes Beiwerk bezeichnen kann (Nägelkauen, Kaufzwänge, schädliche Änderungen des Lebensrhythmus oder ähnliches)?

Wenn Sie sich vor der ganzen Trennungsmisere schon nicht als überaus umwerfend empfunden haben – jetzt ist der Moment, wo Sie sich generell neu aus der Asche erheben können.

Der nächste Aktionspunkt könnte Ihnen einige Schwierigkeiten bereiten, jedoch kann ich Ihnen garantieren, daß Sie, wenn Sie ihn hinter sich bringen, sich wie neugeboren fühlen werden:

Durchforsten Sie Ihre Wohnung mit Argusaugen nach Gegenständen, die ausschließlich mit Ihrem Ex-Mann oder Ihrer Ex-Frau zu tun haben, und verbrennen Sie den Krempel. Zu diesen Gegenständen gehören Fotos, Tagebücher, noch verbliebene Kleidungsstücke, Kosmetika, (bitte, keine Spraydosen verbrennen) und alles, was Sie eigentlich nur dem anderen zuliebe immer geduldet oder angeschafft haben.

Damit ist nicht gemeint, daß Sie nun die schöne Armbanduhr oder den Stich aus dem 18. Jahrhundert, den man Ihnen als Zeichen der Liebe überreicht hat, auf den Scheiterhaufen türmen (es sei denn, es ist Ihnen extrem danach zumute). Gemeint sind nur die Gegenstände, bei deren Anblick Sie dieses berühmte mulmige Gefühl bekommen, das Sie zur Verbesserung Ihrer Lebensqualität so dringend wie einen Kropf brauchen: die sehnsüchtige, geschönte Erinnerung.

Das Verbrennen habe ich deswegen empfohlen, weil Feuer eine eigene zusätzlich reinigende Wirkung hat. Probieren Sie's doch mal aus. So, das wäre jetzt der äußere Bereich gewesen.

2

Inneres Aufräumen

Welche Verhaltensrituale haben Sie noch immer beibehalten, die aus der vergangenen Partnerschaft und nur zum Zwecke der Erhaltung und Festigung derselben entstanden sind?

Kaufen Sie vielleicht immer noch die scheußliche Ingwer-Marmelade, die er/sie so gerne gegessen hat?

Schlafen Sie noch immer bei offenen/geschlossenen Vorhängen/Fenstern, nur weil er/sie ausschließlich in eisiger Zugluft/erstickender Hitze und ägyptischer Finsternis/gleißender Morgensonne schlafen konnte?

Trauen Sie sich noch immer nicht, eine bestimmte Zeitschrift zu kaufen, nur weil er/sie sagte, das lesen nur geistig Minderbemittelte?

Oder zwingen Sie sich noch immer, seine/ihre Free-Jazz-Platten anzuhören, obwohl Sie diese Musik immer gehaßt haben?

Schluß damit, und zwar für immer!

Was es auch gewesen sei: hinaus mit allem, was nicht Ihr Wohlgefallen erregt und nicht Ihrer eigensten Wesenheit entspricht. Aber wieder einmal will ich nicht mißverstanden werden.

Sollten Sie vorher nicht gerade ein Verfechter häuslicher Ordnung gewesen sein, und sollte Ihnen das seltene Glück widerfahren sein, einen Partner gehabt zu haben, der in Ihnen das kostbare, aber in diesem Falle leider etwas verkümmerte Pflänzchen der Ordnungsliebe zum Knospen gebracht hätte, dann wäre es nun keine Verbesserung Ihrer Lebensstruktur, wenn Sie diesen Gewinn jetzt im Zuge der Aufräumarbeiten gar rüde im eben gezüchteten Keime ersticken würden.

Oder sollte Ihnen Ihr Exmann/-freund das Autofahren mühsam eingetrichtert haben, dann wäre es doch sicher ein herber Verlust für das Beförderungswesen, wenn Sie diese bemerkenswerte Fertigkeit nun dem Schlund des ewigen Vergessens einwerfen würden.

All das sind nur konstruktive Vorschläge. Sollte Ihnen danach sein, wie in grauer Vorzeit durch kniehohe Unordnung zu waten, oder sich per pedes, mit Stahlroß oder Tretroller durch diese unsere Welt zu bewegen, dann sei dies Ihnen von Herzen gegönnt.

Meine Vorschläge gingen nur, unter dem Aspekt der allgemeinen Neu-Struktur, in die Richtung: »Das Gute ins Töpfchen, das Schlechte...«, na ja, Sie wissen schon, was ich meine.

Am segensreichsten formiert sich die neue Lebensform, wenn Sie die Strukturen aus dem Leben vor der Partnerschaft beibehalten, denen Sie, Ihrer Persönlichkeit und Ihren Bedürfnissen entsprechend, schon damals angemessenen Raum gelassen haben, und gleichzeitig dem in der Partnerschaft hinzugekommenen Habitus, den Sie zu akzeptieren bereit wären, eine Chance geben. Damit hätten Sie aus dem ganzen Vorgang einen kreativen Lernprozeß erarbeitet, was wahrscheinlich der Sinn und Zweck der ganzen Übung gewesen war.

Erst wenn Sie sich in Ihrer neugewonnenen Lebensform sicher und geborgen fühlen, wenn Sie das Gefühl haben, jetzt wäre zwar ein Partner ganz schön, aber eigentlich kommen Sie auch ganz gut alleine zurecht, erst dann bieten Sie die optimale Basis für eine Nachfolge-Partnerschaft, die unter den neu gesetzten Vorzeichen nun vielleicht der Zweisamkeit Ihrer Träume wesentlich näherkommt als die Verbindung, der Sie vor noch nicht allzulanger Zeit so tränenreich nachgetrauert haben.

Die nicht allzulange Zeit kann, das gebe ich zu, mitunter qualvoll gedehnt erscheinen. Trotzdem: Mit dem Wissen im Hinterkopf, daß dieser Abschnitt Ihres Lebens auf keinen Fall eine ewige Sache sein kann, können Sie diese Phase der Einsamkeit nutzen wie wohl kaum eine andere, nach außen hin vielleicht wesentlich glücklicher erscheinende Zeit.

Sollten Sie sich in der Phase der Verarbeitung des Erlittenen und Durchgemachten allzusehr mit Ihrem eigenen Selbst-Mitleid im Kreise drehen, dann kann das unter anderem daran liegen, daß Sie früher etwas zu lange zugehört haben, wenn die Neunmalklugen wieder einmal betonten, daß »nie etwas Besseres nachkommt«.

Glauben Sie mir, es kommt *immer* etwas Besseres nach, aber nur, wenn Sie das Vorangegangene durchschaut, aus Ihren Fehlern und Erkenntnissen etwas gelernt und beschlossen haben, daß Ihnen so etwas nie mehr wieder passiert.

132

Das Trauern von Witwen und Witwern

Hier sind wir nun in der Abteilung von Trauernden, die der Ansicht sind, daß der Schmerz und die Trauer, die von ihnen durchlitten wird, bei weitem intensiver und angebrachter ist als bei der Gruppe der Verlassenen, weil der Partner für immer und ewig in der gehabten Form aus dem Leben geschieden ist.

Dazu kommt, daß weder er noch sie freiwillig in eine Trennung eingewilligt hätte, wären beide vorher befragt worden. Davon ausgenommen sind die Fälle, in denen ein geliebter Partner so offensichtlich leidend war, daß der Hinterbliebene trotz allem Trennungsschmerz die Notwendigkeit des mortalen Ausweges akzeptieren mußte.

Die Hälfte der Trauer-Misere hängt mit unserem Verständnis des Umgangs mit dem Vorgang Tod zusammen, aus dem auch die unverantwortlichen Aktionen der künstlichen Lebensverlängerung bei Menschen, die aus eigener Kraft nicht mehr imstande wären, ihr Leben fortzusetzen, resultieren.

Sicher mache ich mich wieder mal unbeliebt, wenn ich Ihnen dazu folgendes sage: Alle diese Aktionen sind nichts als der reinste Egoismus der Angehörigen und das völlige Mißverständnis des hippokratischen Eides so vieler Ärzte.

Wenn man nur endlich eine Methode finden würde, den Lebenden zu zeigen, wie sehr eine Seele leidet, deren Zeitpunkt des Heimkehrens gekommen ist und die mit Gewalt an der Loslösung von ihrem physischen Leib gehindert wird!

Dann wäre dem Herumexperimentieren schnell ein Ende gesetzt.

Gott sei Dank mehren sich momentan die Ärzte, welche die Gesetze des Kosmos zum Teil erahnen, zum Teil vermittelt bekommen haben und die aus ihrem Instinkt oder ihrer Erkenntnis heraus nicht mehr wagen, Hand an die natürlichen Abläufe zu legen.

Machen Sie es diesen Vorkämpfern einer Zeit, wo künstliche Lebensverlängerung wie eine Straftat geahndet werden wird, bitte durch Ihre Verzweiflung nicht noch schwerer, als es sowieso schon ist. Nicht alle Ärzte sind die abgebrühten Roboter, als die sie so gerne hingestellt werden. Und durch den Druck, den Sie durch Ihre Verzweiflung auf diesen mitfühlenden Menschen ausüben, könnte er, der sich der Pflicht der Menschlichkeit und Nächstenliebe verschrieben hat, vielleicht zu Experimenten gedrängt fühlen, die eigentlich gegen seine Überzeugung und Erkenntnis gehen. So würden Sie zweimal schuldig. Nämlich in der Verhinderung der Wahrnehmung eines Todespunktes und in der Rolle des Verführers eines anderen Menschen wider dessen besseren Wissens, was nichts anderes ist als ein Zuwiderhandeln gegen die kosmischen Gesetze.

Wenn Ihr Partner erst vor kurzem gestorben ist, wird es Ihnen vielleicht nur ein schwacher Trost sein, aber trotzdem sei's gesagt:

Hier ist jemand zu einem Zeitpunkt gegangen, der sorgfältig ausgewählt wurde, und zwar unter Mitwirkung und mit Zustimmung des Betroffenen.

Weiterhin sollten Sie sich bei aller Trauer klarmachen, daß der Tod kein Zustand, sondern nur eine Schwelle ist, die überschritten wird, um in die Existenzform zurückkehren, aus der Sie selbst ja auch gekommen sind und die man als die jenseitige bezeichnet.

Alles, was sich hier auf dieser Erde abspielt, sowohl im großen als auch im kleinen, ist eine materielle Spiegelung

134

dessen, was sich im nicht-materiellen Bereich abspielt. Denken Sie einmal nach, wie oft Sie zu Ihrem Verstorbenen in der Zeit Ihres Zusammenseins gesagt haben: »Geh du doch schon mal voraus, ich komm' gleich nach.«

Diesmal trennt Sie etwas, was, von Ihrer Seite aus gesehen, unüberwindlich scheint und, aus der Sicht unserer Zeitrechnung, endlos. Und trotzdem ist es nichts anderes als das Vorausgehen, das Sie doch schon so oft geübt haben.

Was gäbe ich dafür, wenn ich in allen Trauernden das Bewußtsein stärken könnte, daß ihr einziges Kind, die schmerzlich vermißte Frau, der geliebte Mann »nur schon mal« in eine Dimension vorausgegangen ist, in die Sie garantiert nachfolgen werden, und daß es ausgeschlossen ist, daß Sie sich dereinst verfehlen, was die größte Angst derer ist, die schon begriffen haben, daß der andere eben etwas früher nach Hause wollte, als man selbst.

All diese Information wird Ihnen in Ihrem ersten Schmerz, wie gesagt, wahrscheinlich nur wenig Trost bieten, trotzdem sollten Sie sich diese Information wieder und wieder vorsagen, denn Ihr Unter- beziehungsweise Überbewußtsein weiß diese Dinge ja ganz genau, wird aber von der Trauerempfindung Ihres Selbst so überlagert, daß es zu einem großen Teil für längere Zeit lahmgelegt ist.

4

Körper, Seele, Geist

Sicher haben Sie schon gehört oder wissen es seit langem, daß der Mensch sich prinzipiell aus den Komponenten Körper, Seele und Geist zusammensetzt, wobei der Körper als Repräsentant der physischen Welt das Unbewußte (Kollektivinstinkt) und Unterbewußte beheimatet, der Seele das sogenannte Tagesbewußtsein innewohnt, und der Geist das Oberbewußtsein mit dem ihn durchdringenden Überbewußtsein beherbergt.

Die Kraftzentren, welche die diesbezüglichen Energien aufnehmen und weitergeben können, sind unsere sieben Chakras, die unserem Menschenleib überhaupt erst das Leben möglich machen und ihn in Verbindung mit dem Kosmos, der Erde und den Planetenkräften bringen.

Ich habe in einem anderen Buch bereits die Funktion und den Aufbau der Chakras ausführlich erklärt und werde, um Wiederholungen zu vermeiden, auf dieses Thema nun nicht noch einmal eingehen.

Jedoch sei gesagt, daß in Wurzelchakra, Milzchakra und Nabelchakra (Solarplexus) das so bezeichnete Niedere Selbst verankert ist, während in den oberen Chakras wie Kehlkopfcharka, Stirnchakra (Drittes Auge) und Scheitelchakra die Verbindung zum Höheren Selbst zu finden ist.

Dreh- und Angelpunkt ist das Herzchakra, das man als Brücke zwischen Höherem und Niederem Selbst ansehen kann.

Die meisten Chakra-Meditationen beginnen entweder beim Wurzelchakra und arbeiten sich hinauf bis zum Scheitelchakra. Einige lehren inzwischen jedoch auch Meditationen, die oben beginnen, im Licht des Kronen-(Scheitel-)chakras und dann nach unten führen. Beide Formen der Übungen haben ihren Sinn und ihre Berechtigung.

Trotzdem würde ich heute, nachdem ich über den »Baum des Lebens« belehrt wurde, der eine Darstellung von Symbolen präsentiert, welche die Manifestationen Gottes in seiner Schöpfung, also auch im Menschenleib widerspiegelt, diese beiden Formen nicht mehr praktizieren und auch nicht weitergeben, da ich inzwischen zu einem anderen Verständnis herangereift bin. Doch über diese Erfahrung werde ich nicht jetzt, sondern erst dann berichten, wenn ich glaube, daß die Zeit und vor allem ich selbst reif bin, die Zusammenhänge verständlich und verantwortlich weiterzugeben.

Worum es mir momentan geht, ist, daß diejenigen unter Ihnen, die bereits Chakra-Meditationen machen, mir soweit vertrauen mögen, daß Sie sich meinem nun folgenden Rat anschließen: Wenn Sie im Zustand der Trauer sind, dann konzentrieren Sie sich bitte vor allem auf Ihr Herzchakra und alle Chakras, die darüberliegen. Zumindest so lange, bis Sie merken, daß sich Ihr Zustand langsam wieder stabilisiert.

Dieser Rat gilt auch für diejenigen, die sich nach einer Trennung – und für alle, die sich insgesamt einsam fühlen. In solchen schwierigen Lebensabschnitten ist es besonders wichtig, daß Ihre Persönlichkeit mit Hilfe des Höheren Selbst gestärkt und aktiviert, beziehungsweise reaktiviert wird, was Ihnen auch den Umgang mit der Sexualität in dieser Phase erleichtern wird.

Sexus, Eros, Agape

Wie Sie sicher wissen, gibt es mehrere Formen der Liebe. Drei davon möchte ich besonders herausheben und kommentieren:

1. Sexus
2. Eros
3. Agape

Diese drei Formen entsprechen in ihrer Art nicht nur dem Aufbau Körper-Seele-Geist, sondern – wie Sie vielleicht schon geahnt haben – auch dem Niederen Selbst, dann dem Ego und schließlich dem Höheren Selbst, die wiederum in den ersten drei, sogenannten niederen, Chakras, sodann im Herzchakra und endlich in den drei Höheren Chakras zum Tragen kommen.

Das Niedere Selbst erhält seine stärkste Energie vor allem aus den Kräften, die sich aus den Schwingungen der Erde ergeben, die sich primär im Wurzelchakra sammeln und die dann nach oben hin weiterfließen.

Im Niederen Selbst sind noch immer die triebhaften Instinkte unserer animalischen Vorfahren enthalten, und damit auch zum großen Teil Bedürfnisse, die von dieser Wurzel her noch eindeutige Erkennungsmerkmale aufzuweisen haben.

Je mehr in dieses, aber auch in alle anderen sogenannten niederen Chakras energetische Fragmente durch Vorstellungen, aber auch Sehnsüchte und Erinnerungsbilder eingefüttert werden, solange wird das Tierlein in Ihnen seine Rechte fordern. Das ist in Zeiten der Einsamkeit nicht unbedingt förderlich, weil durch diese Aktivierung die Hormone in Trab gebracht werden, was bewirkt, daß Sie nicht nur ein trauernder Einsamer, sondern auch noch ein, von in diesem Moment eher störenden Trieben, belästigter Einsamer sind.

Instinkt ist zwar notwendig, da er arterhaltend und auch in der Lage ist, das kollektive Unterbewußtsein zu unserem Nutzen in Anspruch zu nehmen, jedoch ist er auch – wieder mal Entschuldigung – ein bißchen doof.

Er kann nämlich mit ein bißchen Intelligenz und ein wenig Kenntnis um seine Gewohnheiten und Reaktionen regelrecht getäuscht und übertölpelt werden.

Diese Erkenntnis hat schon in so manchem Tierpark nicht nur den Schimpansenbabys das Leben gerettet, sondern auch manchem Nachkömmling, den die Frau Mama am liebsten gleich wieder entfernt hätte, nachdem sie ihn ans Licht des Tages entlassen hatte.

Nehmen wir doch mal gleich die Schimpansenbabys als Beispiel. Da liefen doch jahrelang recht erfolgreiche Versuche mit den sogenannten künstlichen Müttern. Das waren irgendwelche ausgestopften Bälge, die in sich eine elektrische Wärmequelle beinhalteten, und an dieser Attrappe hing nun das Kleine mit Andacht und Wohlbehagen herum, weil sein Instinkt sagte: Mama muß weich und warm sein. Ohne diese Kunst-Mütter gingen die Babys nach kurzer Zeit ein. Solange jedoch der ausgestopfte Dummy vorhanden war, gedieh der ungeliebte Nachkömmling, weil sein Instinkt signalisierte: Alles in Ordnung, was die Körperfunktionen veranlaßte, wunschgemäß zu funktionieren.

Dieses Täuschungsmanöver könnte uns wahrscheinlich noch viel mehr lehren, als die Forscher bis heute herausgeholt haben. Für uns jedoch lassen Sie mich heute nur eine Möglichkeit auf unsere Bedürfnisse ummünzen: Ob Sie das nun

momentan lächerlich finden oder nicht – eine Schlummer-
rolle wird in Trauerzeiten wahre Trostwunder vollbringen,
was genau über die Schiene Instinkt abläuft, der wir so oft
keine Beachtung schenken. Ich rede jetzt hier nicht von diesen
Winzlings-Schlummerrollen, die man sich unter den Nacken
klemmt, und die man dann beim dritten Hahnenschrei
irgendwo senkrecht aufgestellt im Bett wiederfindet. Nein, ich
meine Riesen-Schlummerrollen, die über einen Meter lang
sind, einen Durchmesser von mindestens (!) 25 Zentimetern
haben und mit schöner, weicher, warmer Baumwolle prall
vollgestopft sind, so daß man sie mit Armen und Beinen
umklammern kann.

Schaffen Sie sich schnell so ein Ding an, das kann ich Ihnen
nur raten, und sollten die Zeiten der Trauer und der Einsamkeit dann vorbei sein, werden Sie erst recht glücklich sein,
weil es auch zwei Leuten beim Lesen, Unterhalten und
Schmusen im Bett den richtigen Halt gibt. Das nennt man eine
langfristig tragende Investition.

Nein, aber Spaß beiseite. Wir haben mit dieser Riesenwurst
die allerbesten Erfahrungen gemacht und von vielen Menschen, die eine Zeit von nicht gerade überschäumender Fröh-
lichkeit durchlebten, die begeistertsten Berichte bekommen,
nach dem Motto: Instinkt erfolgreich überlistet!

Soviel zum Thema List und Tücke in Trauerzeiten.

Hiermit hätten wir die Bedürfnisse unseres Niederen Selbst
zumindest im Ansatz etwas befriedigt. Noch immer bleibt
jedoch die Trauer um den schmerzlichen Verlust und die
Frage, wie man am besten damit fertig wird.

Sie werden es vielleicht zuerst ablehnen, da die Basis ja eine
ganz andere ist, aber – es funktioniert mit genau denselben
Initiativen, die ich bereits den Verlassenen anempfohlen
habe.

Vor allem: Bitte, machen Sie aus Ihrer Wohnung keinen

140

flächigen Hausaltar. Sie aktivieren damit nur immer wieder intensiv Ihren sogenannten registrierenden Input. Das heißt, das tröstliche und nützliche Vernarben wird qualvoll verlangsamt und hinausgezögert.

Klar können Sie ein Bild aufstellen, oder auch zwei, aber bitte, wenn Sie gewillt sind, einen Rat anzunehmen, der aus einer langen Erfahrung mit solchen Situationen entspringt: Sobald Sie auch nur im Ansatz glauben, daß es zu schaffen sei – nehmen Sie die Sachen Ihres Verstorbenen und verschenken Sie diesen Ballast an Menschen, die ihn sinnvoll verwenden können oder, wenn es sich anbietet, dann dürfen Sie ihn auch ruhig verkaufen. Dem Verstorbenen, und das ist auch etwas, das Sie mir getrost glauben dürfen, ist es wirklich mehr als egal, was mit seiner heißgeliebten Briefmarkensammlung oder mit seinem 25 Jahre getragenen Hausmantel passiert.

Er existiert in einer Dimension, in der solche Dinge völlig uninteressant, da nicht verwertbar sind. Das einzige, was ihn belasten könnte, ist Ihre sorgende Unruhe und Trauerstimmung, die Sie, durch all diese Dinge auch noch motiviert, immer wieder um sich herum erzeugen.

Ihre Aufgabe ist es, zurückzukehren in ein lebenswertes Sein, in eine selbst-bewußte Existenz, die Sie auch als Einzelwesen erlebenswert und bereichernd finden.

Das Wichtigste, das sagte ich schon vorher bei den Verlassenen, ist die Umstellung und Anpassung des alten Zweier-Rituals auf eine sinnvolle Neu-Struktur Ihrer Tagesabläufe, die Sie nun zunächst als Einzelperson durchleben werden. Versuchen Sie, diese neue Struktur zu erarbeiten wie ein Feldherr seinen Schlachtplan, und ziehen Sie das Ergebnis so stur durch, wie Blücher seine Einkreisungsstrategien.

Je mehr Sie sich zu disziplinierter Durchführung Ihres Programms durchringen können, desto schneller werden Sie bemerken, daß Ihre Selbst-Ebenen wieder ins Gleichgewicht kommen. Doch tun Sie sich niemals Gewalt an. Wenn es Ihnen das Herz bricht, seine alten Schuhe, ihre Nippes-Sammlung oder (weiß Gott, ich kann's nachfühlen) die Plüsch-Tierchen Ihres Lieblings wegzugeben, dann behalten Sie die Sachen, und zwar so lange, bis es in Ihrem Inneren nicht mehr so wütet und würgt.

6

Harmonisieren Sie sich

Neben Eislaufen gibt es noch so einiges, was ich mit zögerlichem Zaudern umgehe, da es in den Bereich der körperlichen Betätigung fällt, doch da gibt es etwas, was ich Ihnen unbedingt sagen muß, weil es eine echte Unterlassungssünde wäre, aus eigener Bewegungsfaulheit heraus diese hilfreiche Betätigung zu unterschlagen: das Spazierengehen.

Lustwandeln, sagen meine »Jenseitigen«.

Zuerst habe ich sehr gelacht über dieses altertümliche Wort (ähnlich wie bei der Leibesertüchtigung), aber nur so lange, bis man mir wieder erklärte, was es mit diesem Wort auf sich hat.

Also: Lust ist klar, nicht? Demnach liegt der Gimmick im Wort »Wandeln«. Das Wort hat als Stamm die Wand, was wiederum von dem Umstand herrührt, daß es noch gar nicht so lange her ist, daß Wohnungen nicht eckig, sondern schön rund gebaut wurden, mit runden Begrenzungsflächen also, die sich um eine runde oder ovale Grundfläche wanden, krümmten, herumschlossen, drehten. Daher kommt auch der Ausdruck »Wendeltreppe«, eine sich windende Treppe.

Das ist die etymologische Erklärung, die ich schon hatte, bevor mir »lustwandeln« anempfohlen wurde. Und ein Glück, daß ich das schon vorher wußte, denn sonst hätte ich nur die Hälfte verstanden, als man mir eines Tages verkündete, daß sich durch Lustwandeln die Energiestauungen in meinen Chakras »entwunden« haben.

Es fließt also Energie beim Spazierengehen, Stockungen werden aufgelöst, und dieses alles wird bewirkt durch den Rhythmus des Gehens, linkes Bein, rechtes Bein, Verlagerung links, Verlagerung rechts, was auch den Atemrhythmus, der bei Trauernden immer gestört ist, wieder ins Lot bringt.

Es gibt nur noch etwas, was effektiver ist, was man Ihnen aber, unaufgeklärt wie die meisten sind, in der ersten Zeit der Witwerschaft übelnehmen könnte: das Tanzen. Wenn Sie das Glück haben, in einer kummervollen Situation an jemanden zu geraten, der sich in einer ausgeglicheneren seelischen Verfassung befindet und bereit ist, einem Wiener Walzer (der beste Energieknotenlöser) sich mit Ihnen im Kreise zu drehen, dann werden Sie merken, daß sich Ihre Verspannung für einige Zeit wie von selbst aufgelöst hat. Zumindest so lange, bis Sie es mit Trauergedanken und Zukunftsvisionen negativer Art wieder geschafft haben, diesen positiven Energiefluß zu blockieren.

Es gibt übrigens ein Gerät, das ein überaus tatkräftiger Helfer bei dem Versuch ist, den gestörten inneren Rhythmus wiederherzustellen, das ist die Schaukel. Nützen Sie bei Kummer schamlos jeden Kinderspielplatz aus. Diese Schaukeln sind ein superbes Gegenmittel bei Depressionen und die zuverlässigsten Beruhigungsmittel der Welt (Wiege!).

Geblieben ist von dieser Erkenntnis, die weiß Gott nicht von mir stammt und so alt wie der Böhmerwald ist, nur unser guter alter Schaukelstuhl, dessen sich unsere »grünen« Möbelhersteller auch langsam wieder entsinnen, auch in Form von Kniestühlen.

Die Schaukeln, die ich meine, haben nichts mit den Affenschaukeln, aber auch nichts mit den Hollywoodschaukeln unserer sommerlichen Balkonterrassen zu tun. Denn das Vor- und Zurückschwingen muß mit unserem Atemrhythmus und unserem Herzschlag konform gehen können. Sowohl Hollywood- als auch Affenschaukel sind in der Aufhängung zu kurz, um dieser Anforderung gerecht zu werden.

Ich will Sie ja nicht schon wieder mit meiner Familie langweilen, aber wenn ich gereizt oder traurig, also durch irgend etwas aus meinem seelischen Mittelwert geraten war, dann drückte mir meine Oma ein Silberputztuch in die Hand und baute den Besteckkasten und die paar Kännchen aus Silber vor mir auf, die der Familie nach der Ausbombung geblieben waren. Und dann putzte ich. Wenn Sie es mir nachmachen wollen, dann rubbeln Sie nicht an den Dingen herum, sondern führen Sie das Tuch in gleichmäßigem Hin und Her über die Gegenstände und singen Sie dazu. Irgendwas, was man summen kann, je einfacher, desto besser. Die Kombination dieser Tätigkeiten wird Ihnen das Einnehmen von Antidepressiva ersparen.

144

Versuchen Sie nicht zu fliehen

Sowohl in Zeiten der Trauer wie auch in Zeiten der Depression hat es keinen Erfolg, seinen Standort zu wechseln. Viele Angehörige von Menschen, die durch einen Trauerfall aus dem Gleichgewicht gebracht wurden und anfingen depressive Symptome an den Tag zu legen, glaubten, ihren Lieben zu helfen, indem sie mit ihnen in die Karibik oder sonst wohin gefahren sind, zum Trost, zur Ablenkung, wie sie sagten. Das Experiment ging immer daneben. Denn es gibt ein ungeschriebenes Gesetz, das heißt: Da wo Trauer entstanden ist, da wo eine Depression entstanden ist, genau da muß sie auch wieder aufgelöst werden. Vor diesen Dingen kann man nicht davonfahren. Später, wenn Sie schon ein bißchen gefaßter sind, wird Ihnen die Bergluft der Alpen oder der Wind an der See sicher gut tun, aber eben erst später.

Vielleicht ist es für Sie auch noch wichtig zu wissen, daß Sie durch übermäßiges Trauern Ihren geliebten Verstorbenen schwer belasten. Denn er wird Ihre Hilflosigkeit und Hilfsbedürftigkeit erkennen, erfühlen, und wird, je näher und je verbundener er Ihnen war, vor lauter Mit-Leid und Schuldgefühl sich nicht aus Ihrem Dunstkreis wagen, was ihn natürlich daran hindert, sich in seinem neuen alten Zustand erfolgreich zu akklimatisieren.

Vor eineinhalb Jahren kam einmal eine Witwe in meine Beratung, und ich frage mich noch heute, wer von uns beiden mehr von dem Gespräch profitiert hat. Sie sagte zu mir: »Wissen Sie, ich lebe so, daß es meinem Mann, würde er unsichtbar neben mir stehen, Freude und Stolz bereiten würde. Er hat mich nie weinen und leiden sehen mögen, und so versuche ich mir bewußt zu machen, daß es ja nur die Unfähigkeit meiner Wahrnehmung ist und mein Egoismus, der mich so fürchterlich trauern lassen will.« Das war etwa vier (!) Wochen nach dem Tod ihres Mannes, den sie sehr geliebt hatte und dessen Tod unerwartet gekommen war.

Aber so stark ist eben nicht jeder, dem seine bessere Hälfte oder sein Kind, sein Freund oder Geliebter entrissen wird. Doch finde ich, daß die Erkenntnis dieser Frau soviel Reife, Würde-Bewußtsein und vor allem Wahrheit beinhaltet, daß man sie als Vorbild akzeptieren kann.

Vergessen Sie in all Ihrem Schmerz und Ihrer Zurückgezogenheit nie, daß das Leben darauf wartet, daß Sie zurückkehren in sein Veranstaltungsangebot und daß Sie teilnehmen an seinem Programm, das eigentlich ja das Ihre ist.

Wenn ich Ihnen noch einen Rat geben darf, dann mag es dieser sein: Egal, was man von Ihnen erwartet, kleiden Sie sich nicht in Schwarz.

Schwarz absorbiert Energien, die Sie gerade in dieser Zeit sehr gut gebrauchen können. Nicht umsonst ist in anderen Ländern, in denen die spirituelle Reife weiter fortgeschritten ist als bei uns, die Kleidung der Trauernden in Weiß gehalten.

Legen Sie Ihr schwarzes Kostüm nach der Beerdigung für immer ab, vergessen Sie Ihren schwarzen Beerdigungsanzug. Und denken Sie an die Zeit, als man tanzte und sang, wenn jemand starb. Es ist ein tiefer Sinn in allen Dingen...

146

Vierter Teil

Sag mir, wo die Alten sind...?

Mein verehrter Freund Max Colpet wird's mir verzeihen, wenn ich seinen Text, den er vor langer Zeit für Marlene Dietrich schrieb, ein bißchen verändert habe, hoffe ich.

Heute ist er 84, ein wahrhaft methusalemisches Alter, das darf man wohl sagen. Und ein Alter, in dem die meisten alten Menschen das sind, was wir als »out« bezeichnen.

Als er 80 Jahre alt wurde, schrieb ich ihm ein Gedicht mit dem Titel »80 Jahre und kein bißchen greise«, und ich war an diesem Tag nicht die einzige, die ihm dieses Kompliment machte. Das kann nicht nur an seiner 40 Jahre jüngeren, wunderbaren Frau Eva gelegen haben, daß dieser Lobgesang keine verlogene Schmeichelei war, denn er hatte sie erst wenige Jahre vorher kennengelernt und geheiratet.

Er hat in seinem Leben Hunderte von Texten geschrieben und auch ein paar Bücher, die alle geistreich und unterhaltsam sind. Doch bin ich nach wie vor der Ansicht, daß er eine schwere Unterlassungssünde begangen hat: Er hat nie ein Werk herausgebracht mit dem Titel *Wie ich alt wurde, ohne alt zu werden.*

Wenn ich ihn besuche, dann dauern die abendlichen Gelage bis spät in die Nacht, und ich bin es, die dann irgendwann erschöpft sagt: »Jetzt muß ich aber ins Bett.« Sein Freundeskreis besteht aus Menschen jeden Alters, und auf jeden wirkt er gleich unterhaltsam.

Wenn ich mir Max im Altersheim vorzustellen versuche, dann mißlingt mir diese Imagination bereits im Ansatz.

Als ich ihn kennenlernte, war er immerhin schon ein reifer Jüngling von 62 Jahren, und hätte, wäre er nicht Textdichter gewesen, also in drei Jahren pensioniert werden müssen.

Könnte es möglich sein, daß das Nichtstattfinden dieses einschneidenden Ereignisses vielleicht der Grund für den unüblichen Lebensabend dieses ewig neugierigen und geistig beweglichen Mannes war?

Wer um Himmels Willen hat denn eigentlich die Pensionierung in der Form erfunden, wie sie heute bei uns in Deutschland, und natürlich nicht allein bei uns, durchgeführt wird? Diese Erfindung ist mindestens so unmenschlich wie das Gehirn, dem zum ersten Mal die Idee der Abschiedsvorstellung entsprang.

Kein Wunder, daß die meisten Künstler dann ihrem Entschluß untreu werden und plötzlich wieder, oft nur mehr als Schatten ihrer selbst (ihres Selbst) auf der Bühne erscheinen.

Warum, so frage ich mich immer wieder, kann denn ein Mensch nicht genauso langsam wie er in sein Berufsleben hineinwächst auch wieder herauswachsen?

Bissig, wie ich ab und zu nun mal eben gerne bin, möchte ich fast behaupten, daß es unserer Gehirnrinde im Zuge unserer glorreichen und rasanten Entwicklung in diesem Jahrhundert nicht gelungen ist, mit dieser Expansion gleichzuziehen, und deshalb entstanden im Laufe der letzten Jahrzehnte einige Blüten menschlicher Gedankenlosigkeit, an deren Spitze neben einigen anderen bemerkenswerten Auswüchsen die beispiellose Gefühllosigkeit steht, mit der wir unsere Alten behandeln.

Mit nur ganz wenigen Ausnahmen, die ich an beiden Händen abzählen kann, befinden sich in meiner Umgebung nur alte Leute, die nachweislich spätestens ein Jahr nach ihrer Pensionierung zu kränkeln anfingen und denen die Lust am Leben, das doch jetzt ohne den Arbeitsdruck so richtig losgehen könnte, schon vergangen war, bevor sie überhaupt die Chance gehabt hätten, richtig aufzukommen.

Da singt doch mein Landsmann Udo Jürgens glatt ein Lied, das davon handelt, daß mit 66 Jahren das Leben erst richtig anfinge. So optimistisch-euphorisch sich dieses fröhliche Lied anhört, bekomme ich doch jedesmal dabei das Gefühl, einer ungewollten Parodie eines Dramas zu lauschen, weil in dem

150

Text all das aufgezählt wird, was man als 66jähriger meiner Ansicht nach wirklich tun könnte (ich wette, Mäxchen hat das tatsächlich alles ausprobiert), aber keiner tut's. Warum?

Weil wir in einer Ex- und Hopp-Gesellschaft leben, die nur dem das Mitspielen erlaubt, der in dem von ihr erstellten und allein seligmachenden Programm die landesüblichen Rollen darstellen kann. Diese heißen: Verdiener, Chef, Manager, Spezialist, Einsteiger, Karrierist, Aufsteiger, Überflieger, Protagonist, Playboy, Macher, Gewinner. Aus!

Gütiger Himmel, wie sind wir nur dahin gekommen, und wer war es, der uns diese Rollen begehrenswert gemacht hat? Wer hat uns, beziehungsweise unsere Gehirne, so manipuliert, daß wir nicht mehr erkennen konnten, was sich um uns herum an Unmenschlichkeit abspielt?

Ich hatte in letzter Zeit das etwas fragwürdige Vergnügen, an sogenannten Altennachmittagen und -abenden teilnehmen zu dürfen. Also, ich kann Ihnen eines sagen: Sollte es ein Mensch wagen, mich in meinem Alter mit einem solchen Programm abzuspeisen und zu unterfordern, dann werde ich etwas unternehmen, was nicht unbedingt als freundliche Reaktion auf das Gebotene gewertet werden wird.

Nur weil jemand im Rollstuhl sitzt und nicht mehr alleine essen kann, deshalb ist er doch noch lange nicht blöde! Warum, und bitte eine Tafel Schokolade jedem, der mir eine plausible Antwort geben kann, ist es denn nicht möglich, Heim-Arten zu mischen!! Müssen denn immer alle sortiert werden nach Lehrlingen, Behinderten, unehelichen Müttern, Obdachlosen, geschlagenen Frauen, christlichen jungen Männern und was es der Einteilung noch mehr gibt. Warum kann denn der Obdachlose nicht mal der Oma was vorlesen und der Opa dem Lehrling mal zeigen, wie man eine Uhr richtet, und warum kann denn die uneheliche Mutter nicht mal der alten Dame von drüben ihr Baby in den Arm drücken, damit sie mal ins Kino kann, und der Rentner, warum soll er denn nicht den Behinderten spazierenführen?

Wir haben ein total krankes soziales Verständnis, ein selektives Klassendenken entwickelt, und es wird höchste Zeit, daß wir etwas gegen diese groben Verstöße gegen das Gebot der Nächstenliebe unternehmen.

Da gibt es eine Vereinigung, auf die ich Sie aufmerksam machen möchte, falls Sie davon nicht sowieso schon gehört haben. Sie heißt: UNH (United Human Organisation). Dieser Organisation gehören übrigens die Optimisten-Clubs an, die sich langsam, aber sicher, wenn auch etwas zaghaft, in jeder Stadt entwickeln. Diese UNH-Organisation hat im Jahre 1984 ein Projekt vorgelegt, das mich damals wegen seiner Ungeheuerlichkeit im wahrsten Sinne des Wortes umgehauen hat: die Terrania-City, auch schlicht das Jahrtausendobjekt genannt.

Dieses Objekt ist nichts anderes als eine riesige Pyramide mit der Grundfläche von 54 756 qm und einer Nutzungsfläche von sage und schreibe 230 000 qm, auf der sich dem Bewohner dieses Kleinstaates alles bietet, was er zum Leben benötigt: Wohnungen, Büros, Forschungs- und Schulungszentren, Hotels, Restaurants, Aktivitäts- und Erholungsareale, Kommunikationszentren, Bahnhöfe und Krankenhäuser.

Die Baukosten muten im ersten Moment gigantisch und irreal an: sie liegen zwischen 800 Millionen und einer Milliarde Schweizer Franken. Legt man jedoch diese Riesensumme um auf die Nutzungsflächen, so ergibt sich nach eingehender Berechnung ein Kaufpreis von 350 000 Schweizer Franken für 100 qm, und damit wäre das Projekt nicht mehr dem Bereich des Irrealen zuzuordnen.

Ganz abgesehen von dem hohen Kommunikationswert des Riesengebäudes wirken in dem ganzen Bau auch noch unter

152

Beibehaltung der bekannten Maße die Kräfte der Pyramiden-
form.

Ich bin zwar nur ein kleiner Fisch, eigentlich nur ein Silber-
fischchen, aber ich habe mich vor ein paar Tagen entschlossen, bei der Sache mitzumachen und sie zu unterstützen.

Wir können noch 1438 Bücher über Vereinsamung schreiben, wenn wir nichts dagegen *tun*, dann werden wir in ein
paar Jahren psychische Vollkrüppel sein. Und die Wahrheit
ist, daß wir mit unserer Sucht, aus allem und jedem Roboter
zu machen, uns selbst ins Aus drücken.

Am meisten leiden unsere Kinder und unsere Alten darun-
ter. Die Einsamkeit in unseren Altenheimen, von den paar
Musterbetrieben, die von besorgten und weitblickenden
Sozialarbeitern geleitet werden, einmal abgesehen, ist einfach
bedrückend, und es ist eine Schande, daß wir es haben so weit
kommen lassen.

Und was ich von der Situation unserer Kinder und Jugendlichen halte, habe ich schon zuvor gesagt.

Noch nie gab es so viele einsame, traurige und depressive
Menschen, und wir selbst sind es, die sie gezüchtet haben!
Solange alle nur in ihrer eigenen kleinen Welt herumklüngeln
und sich die Hirne viereckig computerisieren, solange werden
wir mit diesem Problem nicht fertig werden.

Wir haben nur zusammen eine Chance, und zwar zusammen mit unseren Kindern, Jugendlichen, Alten, Schwachen
und Behinderten. Es tauchen immer wieder die Propheten
auf, die damit drohen, daß unsere Vertechnisierung das Werk
des Satans ist und wir damit in die Fänge der schwarzen
Mächte getrieben werden sollen. Ich kann auch dieser Seite
der Fanatisierung nichts abgewinnen, denn ich glaube nur an
eines in dieser Welt, und das ist: *das Rechte erkennen und
tun!!!*

Wie hieß es früher so schön: Gib dem Teufel einen Namen,

und er erscheint! Gut! Dann muß es heute heißen, gib dem Satan deine Arbeitskraft und stelle ihm deine geistigen Möglichkeiten zur Verfügung, und er wird materialisieren.

Ich will hier nicht herumdiskutieren, ob es den Satan gibt oder nicht, aber wenn es ihn gibt, dann ist er momentan an sehr vielen Ecken dieser Erde tätig. Schauen sie nur hinein in die Versuchsküchen der gentechnischen Forschung. Da wird Ihnen aus so manchem Einmachglas gar Schauerliches entgegengrinsen und Frankensteins Labor im Vergleich als nettes Kindermärchen erscheinen.

Wenn Sie dieses Buch hier lesen als sogenannter alter Mensch, dann habe ich für Sie einen einzigen Rat: Steh auf und kämpfe! Ihre Einsamtkeit ist *nicht* schicksalsmäßig, also nicht akzeptabel, und Sie haben ein Recht, sich gegen Aktionen Ihrer Umwelt zu wehren, die Sie noch mehr in diese Isolation treiben, als Sie es sowieso schon sind.

Tun Sie bitte all das, was ich den Verlassenen und Verwitweten nicht habe empfehlen wollen: Gehen Sie aus, reden Sie unbekümmert Leute an, mischen Sie sich ein, egal wo und wie, Sie sind alt genug, daß Sie überall mitreden können. Bieten Sie Ihre Hilfe an, wo und wie es Ihnen auch nur im kleinsten richtig vorkommt, und fordern Sie dasselbe für sich, ohne Rücksicht auf Verluste. Schöpfen Sie jegliche finanzielle Sonderleistung aus, die sich Ihrem sozialen Status anbietet, und machen Sie was draus. Und haben Sie keine Angst vor den anderen, denn die haben genausoviel Angst vor Ihnen wie umgekehrt. Informieren Sie sich täglich durch die Tageszeitung und andere Medien, und glauben Sie ja nicht, daß Sie sich um Politik nicht mehr zu kümmern brauchen. Jetzt erst recht!

Lesen Sie die tägliche Veranstaltungsliste der Stadt, in der Sie leben, wie Schimanski die Fahndungsliste, und nutzen Sie das Angebot. Schließen Sie sich mit Gleichgesinnten zusam-

154

men. Der Bogen reicht von den Grauen Panthern bis zum Optimisten-Club. Aber denken Sie nicht nur daran, sondern tun Sie's!!!

Auch Sie haben letztendlich nur eine einzige Waffe gegen die Verunmenschlichung, die man Ihnen bietet: Ihr Hirn. Aber auch Ihnen muß ich noch einmal sagen, daß dieses Hirn nur dann funktionsfähig bleibt, wenn Sie es benützen und es beschäftigen. Und zwar nicht immer mit dem gleichen Kram, sondern mit immer neuen und unbekannten Dingen und Menschen.

Es war eben heute abend, daß ich mit meiner Hamburger Freundin, die für mich eine Quelle 18 Jahre anhaltender Freude ist, ein Telefonat hatte, in dem sie mir wutschnaubend vom 70. Geburtstag ihres Vaters, zu dem sie angereist war, berichtete.

Nun muß man dazu sagen, daß diese Frau ein Mensch von absolutem Stilbewußtsein und selbstverständlicher Würde ist. Kein Wunder, daß sie es schon als Beleidigung empfand, daß man dem alten Herrn zum Essen ein Lätzchen umhängte. Als sie zu dem Teil des Berichts kam, in dem von einer Gruppe die Rede war, die Lieder aus den Zwanziger Jahren dahinschlampte, verschlug es ihr fast die Stimme.

Ich konnte sie gut verstehen – es war genau das Gefühl, das ich immer bei diesen Alten-Abenden hatte. Die Darbietung war unter der Würde dessen, für den sie eigentlich gedacht war, aus der Gedankenlosigkeit der Darsteller heraus. Die Würde, und vor allem die Würde unserer alten Menschen ist ein wahrhaft heikles Thema.

Aber es ist wirklich schwer, jemanden mit würdevollem Respekt zu behandeln, der sich in ehrfurchtgebietendem Alter wie ein störrisches eigensinniges Kind aufführt.

Ich habe selbst in einem Altenheim gearbeitet und dort meine blauen Wunder erlebt, aber auch viel Liebe, Zuneigung

155

und Dankbarkeit erhalten. Was ich jedoch erkannt und gelernt habe, ist, daß alle Alten, die in ihrer Isolation anfingen, zu resignieren und sich geistig gehen zu lassen, sehr schnell begannen, zu vergreisen, also zu verkindlichen. Der Hintergrund heißt: Und kümmert sich keiner um mich als Altes, dann vielleicht als Kind. Diesen Protestakt der Verzweiflung steuert allemal das Unterbewußtsein, und was das Schlimme daran ist, er ist nicht mehr rückgängig zu machen, wenn er einmal vollzogen wurde.

Bitte, bitte, schlagen Sie diesen Weg nicht ein. Wir brauchen Sie! Auch wenn es so scheint, als wäre es genau umgekehrt. Diejenigen, die Sie in die Einsamkeit abschieben wollen, tun dies nur deshalb, weil sie selbst innerlich völlig leer und vereinsamt sind und Sie aus dem Grund gleich-gültig behandeln, weil sie nichts anderes kennen, als das, was sie Ihnen da anbieten.

Vielleicht bleibt der Traum von Terrania-City nicht nur ein Traum, wenn wir alle mitmachen, und vielleicht ist in dieser Riesenpyramide dann auch Platz für ein Heim, das nicht nach »Rassen« unterteilt ist und in dem jedem die Chance gegeben wird, Kontakt zu suchen und auch zu finden, wie es ihm beliebt.

Eine alte Damen in einem Münchner Altersheim sagte einmal zu mir, als ich mit ihr über ihre Einsamkeit sprach und sie darauf aufmerksam machte, daß sie in dem Haus nicht die einzige mit diesem Problem war: »Weißt du, ich habe keine Lust, mich immer nur mit alten Leuten über ihre Krankheiten und Enkel zu unterhalten. Ich will auch mal wieder sehen, was die anderen machen.«

Die weitere Schwierigkeit war eben nur, daß sie kaum mehr etwas sah, das überlastete Personal aber keine Zeit hatte, mit ihr mal eben nach draußen zu gehen, um nachzusehen, »was denn die anderen so machten«.

Das genau ist nämlich das sperrigste Grenzproblem: daß wir Jüngeren die Alten in keinster Weise an unserem Leben, unserer Arbeit, an unseren Erfolgen und auch Mißerfolgen teilnehmen lassen. Und umgekehrt scheint sich hinter den Altersheimbewohnern ein unsichtbarer eiserner Vorhang zu senken, kaum daß sie das Eingangstor dieser Institution durchschritten haben.

In Amerika gab es vor vielen Jahren ein Komikerpaar, Elaine May und Mike Nichols (zwei Tafeln Schokolade jedem, der mir Aufnahmen von den beiden besorgen kann), die durch ihre grausig-komischen Radio-Sketche berühmt wurden. Eines der zwerchfellerschütterndsten ist ein Telefongespräch zwischen einer Mutter und ihrem Sohn, der in der Raumfahrt beschäftigt ist. Im Laufe dieses eigentlich bedrückenden Dialogs kommt so alles aufs Tapet, was alte Leute an Wehrhaftigkeiten gegen ihre jungen, uninteressierten Verwandten ausspielen können: Die alte Mutter hypochondert, erzeugt schlechtes Gewissen, klagt an, nervt und intrigiert herum, daß es einem die kalten Schauer den Rücken herunterjagt, weil man erkennt, daß sie ihrem geliebten und einzigen Sohn am liebsten den Teufel auf den Hals hetzen würde, für all das, was er ihr antut: er will nicht mehr ihr Sohn sein, will nichts mehr mit ihr zu tun haben. Sie geht ihm in ihrer senilen Verzweiflung schlicht und ergreifend auf die empfindlichen und angespannten Wissenschaftlernerven, und das ist das letzte, was er in seinem Karriereleben gebrauchen kann.

Ich frage mich, warum es bei uns das, was man in Italien die »nonna« nennt, überhaupt nicht mehr gibt, die Großmama, die den jungen Leuten das Leben leichter machte, kochte, auf die Kinder achtgab und – der eigentliche Boss der Familie war, was, wie ich mir habe erzählen lassen, nicht das schlechteste war; denn diese alten Nonnas waren gerissene und erfahrene Originale mit Witz und Gottvertrauen, agil bis ins hohe

Alter und von der Familie geehrt wie die englische Königin-mutter.

Eine junge Mutter, deren eigene Mutter für zwei Wochen zu Besuch kam, um bei der Pflege des Neugeborenen zu helfen, sagte nach drei Tagen zur mir: »Wenn sie nur nicht gekommen wäre. Sie ist einfach unerträglich!«

Warum?

Weil es keinen Sinn hat, die Oma heranzupfeifen, wenn man sie gerade mal braucht, denn dann bringt sie ihren ganzen in der Zwischenzeit erlebten Einsamkeitfrust mit und eine Erwartungshaltung, der kein Mensch gerecht werden kann. Nur eine in eine Familie integrierte Oma ist eine brauchbare Oma, muß ich Ihnen leider berichten. Denn wenn man sie schon einmal früher abgeschoben hat, aus den sattsam bekannten Gründen, die ich Ihnen und mir aufzuzählen jetzt ersparen möchte, dann ist bereits ein Vertrauensbruch begangen worden, der unauslöschlich im Unterbewußtsein festsitzt, und da kann Ihnen die Großmama hundertmal erzählen, daß sie für alles Verständnis hat: innerlich ist sie verletzt und aus diesem Grund empfindlich geworden.

Mit Opas verhält es sich genauso, obwohl ich die Erfahrung gemacht habe, daß Männer im Alter weniger Kontakt suchen als Frauen und auch mehr zum »Eigenbröteln« neigen. Trotzdem, ob sie es nun zeigen oder nicht, freuen sie sich unendlich, wenn man ihnen gut zu verstehen gibt, daß man sich für ihr Leben und ihre Existenz interessiert.

Hier ist ein Appell an die Einsamkeit: Wie wäre es denn, wenn Sie sich einen, nur einen einzigen alten Menschen suchen würden, mit dem sie ein- oder zweimal in der Woche spazierengehen, ihm vorlesen oder nur vielleicht ein bißchen von sich selbst erzählen?

In meiner Heimatstadt machte eine alte, sich sehr verlassen vorkommende Dame einen Näh-Club auf, zu dem man kaputte Sachen bringen durfte, die sie zuerst allein, dann mit zwölf Mitnäherinnen wieder in Schuß brachte. Keine ihrer Kolleginnen war unter 65, und der Club war so unterhaltsam, daß die, welche die schadhaften Stücke brachten, zuletzt erfreulich oft auch dann auftauchten, wenn nichts gerissen war.

Organisation ist alles und wieder ist das Leitmotiv: *Nicht reden, tun!!!*

Vergreisen und krank werden wir alle erst in dem Moment, wo wir uns selbst aufgeben, und das passiert genau ab dem Tag, an dem wir glauben, daß uns niemand mehr braucht und liebt.

Und wenn es so scheint, als ob die eigene Familie Sie nicht mehr braucht, ja, wer hindert Sie denn daran, sich eine andere zu suchen. Es sind die schlechtesten Familien nicht, die durch Wahlverwandtschaften zustandekamen. Doch niemand wird eine Verwandten-Bereicherung goutieren, die ewig kränkelnd, pessimistisch und schulmeisternd ist.

Es gehört auch zu den Pflichten im Alter, für seinen Körper was zu tun. Keine Angst, ich werde Ihnen jetzt nicht Jazz-Gymnastik und Military-Reiten anempfehlen. Aber ich muß Sie unbedingt auf eine Übungsreihe aufmerksam machen, die nicht nur den Vorteil hat, daß sie jeder bewältigen kann, sondern die auch den Alterungsprozeß in nachgeradezu unglaublicher Weise verzögert und ihn auch wieder rückgängig macht.

Die ganze Sache stammt aus einem tibetanischen Kloster und wurde von den dort ansässigen Mönchen entwickelt und praktiziert. Demzufolge heißt das Buch, das dieses Wunder vermittelt, auch *Die fünf Tibeter*, und ich bin bereit, jedem drei (!) Tafeln Schokolade zukommen zu lassen, der in seiner Umgebung »Tibeter-Clubs« gründet. Kein Alters-Limit!

Daß es genauso Ihre Pflicht ist, für die Beweglichkeit Ihres

Geistes zu sorgen, brauche ich wohl nach allem, was ich vorher ausgeführt habe, nun nicht mehr extra zu erwähnen. Mit der geistigen Frische verhält es sich wie mit der Bielmann-Pirouette (Sie erinnern sich, das war die Eiskunstläuferin, die ihr Bein aus dem Stand in den Spagat senkrecht bis über ihren Kopf ziehen konnte). Wir könnten sie alle, wenn wir vom fünften Lebensjahr an jeden Tag die Übungen durchgezogen hätten, die für dieses akrobatische Meisterstück unerläßlich sind. Da wir alle, oder sagen wir mal, die meisten jedoch ziemlich bequem sind, können sich die wenigsten nach dem 40. Lebensjahr in die eigene Ferse beißen. Haben Sie gerade gelacht? Probieren Sie's doch mal.

Setzen Sie sich auf den Boden, und versuchen Sie, ihre Ferse, egal ob rechte oder linke, mal bis an ihr Gesicht heranzuziehen. Na, noch immer gelacht?

Sehen Sie! Und mit dem Gehirn verhält es sich genauso. Wenn es nicht gefordert wird, dann wird es genauso unbeweglich wie ihre Beine.

Wie Sie mir zugeben müssen, es gibt so viel zu tun, daß eigentlich überhaupt keine Zeit mehr zum Einsam-Sein bleibt, es sei denn, sie wollen so werden wie die Elaine-May-Mutter.

Und das, da bin ich mir sicher, kann Ihnen gar nicht passieren!

Fünfter Teil

Einsamkeit ist ein Aufgabe

Anders als im Kino sind im Theater die Stücke besonders beliebt und erfolgreich, wo einsame, irre, verlassene Menschen ihr verpfuschtes Leben vor unseren ergriffenen Augen und Ohren zur Schau stellen. Denken Sie nur an Hamlet, Macbeth, Claire Zachanassian, Woyzeck und Emilia Galotti. Die einzige Figur, die mir nach wie vor völlig normal vorkommt, ist die Irre von Chaillot, die mit einem gesunden Mordinstinkt (ich fand, Entschuldigung bitte, keine treffendere Bezeichnung für das, was diese kluge Frau tut) Menschen beseitigt, die sie als Schädlinge der Menschheit durchschaut.

Mein absoluter Liebling unter allen Bühnen-Schriftstellern der letzten drei Jahrhunderte ist jedoch nicht Dürrenmatt, nicht Büchner und auch nicht Lessing, sondern Ödön von Horváth, der es wie kein anderer versteht, die menschlichen Irrwege der Vereinsamung in schaurig-schöner Weise auf den Brettern, die die Welt bedeuten, darzustellen.

Von ihm stammen auch schöne Sätze wie: »Nichts gibt so sehr das Gefühl der Unendlichkeit, als wie die Dummheit«, oder »Über uns webt das Schicksal Knoten in unserem Leben«, oder auch »Man ist und bleibt allein«.

In seinen *Geschichten aus dem Wienerwald* können Sie nachlesen, wie Menschen durch Kleingeistigkeit und Kleinbürgerlichkeit mit grausiger Beharrlichkeit in die Vereinsamung getrieben werden, wo sie dann nach kurzer Zeit anfangen, es denen nachzutun, von welchen sie in ·den Sumpf gezogen wurden.

Ödön von Horváth hat bewußt oder instinktiv die Programmatik menschlicher Schicksalsabläufe und Verhaltensweisen durchschaut, die ins Abseits führen, und das macht, so glaube ich, die Brillanz seiner Werke aus. Er hat sein Wiener Völkchen gnadenlos genau beobachtet und ihm aufs Maul geschaut. Aber die Story hätte sich genausogut in Augsburg oder Schneverdingen oder Spandau abspielen können. Dann

163

hätte es aber wahrscheinlich nicht so phantastische Interpretationen geben können wie zum Beispiel die Fernsehverfilmung mit Hans Moser (warum hat er denn nur so wenig dramatische Rollen gespielt!), Walter Kohut, Helmut Qualtinger und der mädchenhaft-schönen Johanna Matz. Ich habe dieses Stück in 18 verschiedenen Inszenierungen gesehen. Diese ist die, mit Abstand, beste.

Wenn Sie mit der Einsamkeit immer wieder Probleme haben, schauen Sie sich doch mal dieses oder andere Stücke von Horváth an, oder, wenn kein Theater aufzutreiben ist, das ihn im Spielplan hat, dann leisten Sie sich doch mal die Anschaffung seines Bühnenwerkes.

Wenn Sie seine Stücke aufmerksam lesen, wird Ihnen wahrscheinlich vieles klar werden, was, in anderer Form und Umgebung, dazu beigetragen hat, Sie von einer temporär begrenzten Einsamkeitsphase in eine anhaltende Einsamkeit zu manövrieren.

Horváths Menschen tun alle gemeinschaftlich absolut nichts von dem, was ich Ihnen in diesem Buch empfohlen habe.

Sie gehen zwar aus, reden miteinander, heiraten, weil sie der Liebe des anderen nicht entgehen können, feiern Feste und beten zu Gott, doch keiner versucht effektiv seiner eigenen kleinen Welt zu entfliehen. Und wenn er's doch mal versucht, dann sorgen schon die anderen dafür, daß es ihm ja nicht besser ergeht als ihnen selbst, nach dem Motto: Du bist im Dreck und bleibst auch gefälligst im Dreck.

Alle sind ungebildet, nicht wie bei Schnitzler, wo man sich vor Akademikern und feinsinnigen Adligen gar nicht mehr aufzublicken traut, und von einer dumpfen, bigotten Ergebenheit in ein Schicksal, das sie nicht im geringsten durchschauen, noch in der Lage sind, zu meistern.

Diese Horror-Kabinetts-Darstellungen zeigen auf, wie es

schlimmstenfalls in unseren Breitengraden zugehen kann, und es täte jedem von uns gut, diese Schreckensbilder genau zu betrachten, denn meist sind sie nur eine vergröberte Version von dem, was man selbst gerade erlebt.

Ich habe anfangs unser Leben mit einer großen Bühne verglichen, auf der man um so besser agieren kann, je mehr man sich mit ihren Gesetzen, Anforderungen und ihrer Beschaffenheit vertraut macht.

Auf diese Erkenntnisse hinzuweisen war mir wichtiger, als Ihnen die üblichen frustrierenden Ratschläge zu geben, die Sie vielleicht oder bestimmt schon hundertmal woanders gelesen oder gehört haben. Daß Sie, wenn Sie sich einsam fühlen, am »allerbesten ausgehen, Freunde besuchen, eine Heiratsannonce aufgeben und einen Tanzkurs besuchen sollen«, das können Sie in jeder Frauenzeitschrift beim Friseur nachlesen. Und hätte das Befolgen dieser Ratschläge funktioniert, dann hätten Sie wahrscheinlich nie zu diesem Buch gegriffen.

Natürlich habe ich nichts gegen Tanzkurse und Heiratsannoncen. Aber diese Dinge haben meiner Erfahrung nach nichts in einem Buch zu suchen, das sich mit dem Begreifen schicksalsmäßiger Einsamkeitsphasen beschäftigt, innerhalb deren Aktionen, wie die vorher genannten, Ihnen eher hinderlich und schädlich sein können, weil sie Ihnen durch den praktisch vorprogrammierten Mißerfolg (erinnern Sie sich: Saturn läßt nicht mit sich spaßen) Ihre Einsamkeit noch schmerzlicher vor Augen führen.

Ich möchte mein Buch aber keinesfalls beenden, ohne Ihnen vorher noch etwas erzählt zu haben, was ich erst vor zwei Tagen sicher nicht zufällig erlebt habe.

Jedes Jahr finden in Deutschland sogenannte Esoterik-Messen statt, die mich zwar nicht mit allem, was da so angeboten wird, begeistern, aber trotzdem immer wieder anziehen, weil es viele interessante Menschen zu treffen und zu hören gibt.

Diese Messe, von der ich Ihnen erzählen will, fand in Hamburg statt und war, wie ich fand, größer und vielfältiger als jede, die ich vorher gesehen hatte. Ich wanderte also zwischen den Ständen umher, bewunderte Edelsteine und Schuhputzmittel (?), und plötzlich fiel mein Blick auf einen Herrn, der die Fünfzig auf jeden Fall schon überschritten hatte und der an einem kleinen Tischchen mit Lampe saß, das Gesicht nahe über die Hand gebeugt, die ihm von einem Mann eben entgegengestreckt wurde. Neugierig, wie ich nun einmal bin, kam ich immer näher, und schließlich war ich nahe genug, um feststellen zu können, daß da jemand am Werke war, der sein Fach wirklich beherrschte.

Handlesen ist eine diffizile Kunst, denn sie verlangt nicht nur ein hohes technisches Können, ein gutes Gedächtnis und ein hervorragendes Kombinationsvermögen, sondern auch eine begnadete Intuition. Dieser Mann hatte beides: Fachwissen und Intuition.

Am nächsten Tag wollte ich es nun absolut auch mal wissen und setzte mich an den Tisch mit der Lampe. Irgendwie erinnerte mich das Gesicht des Chiromanten an die Schauspielergesichter, die in den Krimis in den Rollen eingesetzt werden, von denen man zuerst glaubt, daß sie die Drahtzieher sind, nur um dann langsam festzustellen, daß man wieder dem Verbindungsmann des CIA aufgesessen war.

In dieser Viertelstunde, die ich mit Anthony Kinsella verbrachte, habe ich mehr Geistreiches und Zutreffendes gehört, als in 15 Jahren vorher. Der Schlüsselsatz aber war, und deswegen erzähle ich diese Geschichte überhaupt, folgender: »Hast du nicht begriffen, daß es eine Ehre ist, auf diesem Planeten allein sein zu dürfen, sogar eine Auszeichnung?«

Das hat mir schwer zu denken gegeben, denn man/frau

166

neigt ja immer zu der Ansicht, daß Allein-Sein eine Strafe ist und nicht unbedingt eine Auszeichnung.

Das Eins-Werden mit dem All, also das All-Eins-Werden könnte doch auch bedeuten, daß dem, der diesen Zustand anstrebt, diese Form der Einsamkeit als Hilfe zugedacht ist, als Entlastung, damit er dieser Aufgabe besser gerecht werden kann.

Haben Sie das Problem schon mal von dieser Seite angesehen?

Denken Sie noch mal an die Geschichte mit dem Dirigenten und Komponisten von vorher. Und bedenken Sie, daß nicht jeder, der umlagert aussieht, es in Wirklichkeit auch ist. Einsamkeit spielt sich im Inneren ab und nicht in der Äußerlichkeit, die immer das Trügerische in sich birgt.

Ich kenne die Sätze: »Hinter jedem großen Mann steht eine große Frau«, »Liebe beflügelt«, und was es der Klugheit noch mehr gibt. Ich kann Ihnen dagegen bestätigen, daß es ein schicksalsmäßiges Hinreifen auf den All-Eins-Zustand gibt, der in sich eine ungeheure Kraft verborgen hat, die in keinem Verhältnis steht mit dem Kraftpotential, das eine Zweierverbindung Ihnen zu vermitteln imstande ist. Doch das müssen Sie wahrscheinlich selber erleben, um es mir zu glauben.

Die Voraussetzung dafür ist, daß Sie sich entschließen, Ihre Einsamkeit anzunehmen und in ein All-Eins-Sein umzuwandeln. Wenn es einen Schritt nach vorwärts gibt in das Erahnen der Göttlichkeit, dann ist es dieser. Keiner, der diese Form des Seins auch nur einmal erfühlt hat, wird in Zukunft eine Zweisamkeit suchen. Vielleicht wird er sie noch annehmen, wenn sie ihm in schicksalhafter Form angeboten wird, doch er wird es wohl kaum zu seinem Vergnügen tun, denn damit hat Schicksalhaftigkeit selten zu tun. Vielmehr wird er den Lern- und Lehreffekt dieser Art von menschlicher Verbindung erkennen und nützen.

Sollten Sie die Kraft zu diesem Entschluß haben, sich dieser Fahne zugehörig zu melden (und seien Sie vorsichtig mit diesem Entschluß, denn wie mir scheint, ist er, einmal ausgesprochen, nicht mehr rückgängig zu machen), werden Sie wahre Wunder in Ihrem Leben erfahren, denn dann werden Sie ausschließlich Ihr eigenes Schicksal und Ihre eigene Berufung erfahren und dadurch fähig sein, auch für die anderen mit voller Kraft in dieser materiellen Existenz wirksam zu werden.

Diese Erkenntnis hat nichts mit Frust und Resignation zu tun, sondern nur mit einem Reifegrad, der sich ausschließlich aus der Erfahrung mit Zweierbeziehungen entwickeln kann. Denn ich muß wissen, auf was ich verzichte. Nur so kann ich beurteilen, ob ich etwas ohne Bedauern für immer ablegen kann.

Von diesem Moment an der Entscheidung mag es auch geschehen, daß Sie mit Ihrem geistigen Dual in bewußten Kontakt kommen, was wiederum ein Ereignis ist, das sich so gewaltig präsentiert, daß wahrscheinlich kein Mensch der Welt Ihnen den Vorgang mit Worten beschreiben kann.

Zu mir kommen immer wieder Leute, die mir erklären wollen, daß ihr Partner, mit dem sie gerade zusammenleben, ihr Dual ist, weil sie »so unglaublich gut zusammenpassen und in allem übereinstimmen«. Das ist die mißverständlichste Begrifflichkeit, die man einem »Dual« angedeihen lassen kann. Das Dual ist immer der Gegenpol, das Gegensätzliche, die Reibung, das Ergänzen durch absolute Verschiedenartigkeit, durch das die Kreativität, also das schöpferische, göttliche Prinzip weitergetragen werden soll.

Und das, was wir hier auf Erden so schnell und leichtfertig als Dual bezeichnen, weil das Zusammenleben ach so angenehm ist, das ist meistens »nur« ein Soul-mate, ein Seelengefährte mit gleicher Schwingung, der eigentlich als Ausruh-

168

Partnerschaft gedacht war, als Ruhe vor dem Sturm, der sich durchaus als Einsamkeitsphase präsentieren kann, die Ihnen wieder einmal die Möglichkeit bietet, sich zu entschließen, bei einer großen Aufgabe mitzuwirken, die verlangt, daß Sie sich mit Ihrer ganzen Kraft und Konzentration zur Verfügung stellen.

Es ist etwas völlig anderes, durch Partner-Energie eine dynamische Aktivierung zu erfahren, als aus dieser unerschöpflichen und nie enttäuschenden Quelle des All-Ein-Seins zu schöpfen, die ja nichts anderes ist als der Ursprung der Kraft Ihres Seins.

Nun, am Ende meines Buches kann ich es Ihnen ja sagen: Eigentlich wollte ich ihm den Titel geben: *Einsamkeit ist eine Aufgabe.* Aber hätten Sie dann Ihre Hand danach ausgestreckt?

So bleibt mir nichts weiter, als Ihnen zu sagen:

Fürchte dich nicht!
Wage den Schritt ins All-Eins-Sein!

Weiterführende Literatur

Abd-ru-Shrin, *Im Lichte der Wahrheit*, Vomperberg 1950

Ament H. J. / Farda D. P. / Schenk B., *Terrania-City – das Jahrtausendobjekt*, Neuchâtel 1984

Bergman, Ingmar, *Szenen einer Ehe*, Hamburg 1975

Blavatsky, Helena, *Die Geheimlehre*, Graz 1975

Dethlefsen, Thorwald, *Schicksal als Chance*, München 1979

Forsboom, Bernhard, *Das Buch Emanuel*, München 1982

Horváth, Ödön v., *Geschichten aus dem Wienerwald*, Frankfurt/M. 1979

Kelder, Peter, *Die fünf Tibeter*, Wessobrunn 1989

Lorenz, Konrad, *Das sogenannte Böse*, München 1984

Love, Jeff, *Die Quantengötter*, Reinbek 1987

Saint-Exupéry, Antoine de, *Der kleine Prinz*, Zürich 1950

Steiner, Rudolf, *Zwischen Tod und Wiedergeburt*, Frankfurt/M. 1988

171

   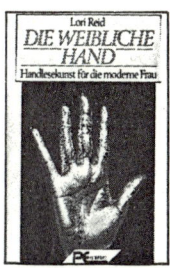
   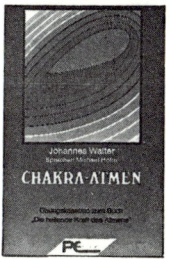

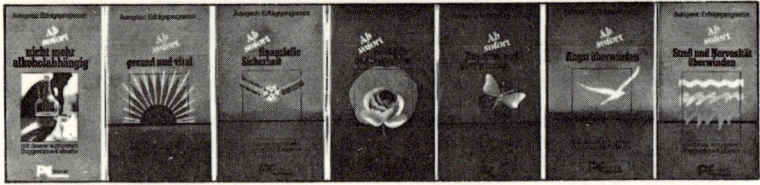